페퇴피 샨도르 시선집

민족의 노래

이 도서는 2022년도 한국외국어대학교 교원연구지원사업 지원에 의하여 이루어진 것임.

헝가리가 노래하는 자유와 사랑

민족의 노래

NEMZETI DAL

페퇴피 샨도르 시선집

페퇴피 샨도르 지음
한경민 엮음

HUEBOOKs

차례

유랑자의 노래

—— VÁNDORDALOK*

1

사랑하는 사람을 멀리 떠나,
또 사랑하는 고향을 떠나!
이 세상 끝없는
길 위를 떠도네.

먼 길에 지친
다리로 걷네,
어깨 위에 엄청난
짐을 지고 있기 때문.

짐을 내던져버렸네,
어깨 위에 아무 것도 없지.
그런데도 용기가 사라지게 만드는 것은 무엇?
그런데도 짓누르는 것은 대체 무엇인가?

너는 불행한 소년!
너를 때려눕히는 것은,
어깨 위의 짐이 아닌
네 마음속 거대한 고뇌구나

(장소 미상), 1844년 여름~가을에

* 모든 시 제목은 한글에 이어 병기하여 원제까지 제시하였다. 시 마지막에는 이 시가 창작된 장소, 창작일을 표시하였다. 예를 들어, 두 번째 시인 〈술꾼〉은 시를 쓴 장소가 파퍼(원어)라는 곳이고, 창작일은 1842년 4월 말이기에, '파퍼(Pápa), 1842년 4월 말,' 로 표시하였다.

2

하늘을 나는 두루미 떼야
어디로, 어디로 가느냐?
이 고장이 따뜻하지 않아,
떠나가느냐?

나도, 내 인생 길과
반대로 떠돌고 있어.
그립고 사무치는 고향을 떠나
얼음 같은 무덤을 향하여.

파퍼(Pápa), 1841년 말~1842년 초.

술꾼

—— A BOROZÓ*

고민 없애주는 포도주 한 잔 마시면
내 인생 즐겁게 향기를 풍기지.
고민 없애주는 포도주 한 잔 마시면,
운명, 너의 힘을 비웃지.

왜 놀라? 장담하는데,
내가 좋아하는 사람은,
포도주의 신뿐이야,
그이가 내 전부야.

포도주의 행복한 열기에 싸여
거친 세상을 향해, 휘파람을 부네!
수많은 고통의 독침이 내 마음을
갈기갈기 찢어 놓은 그곳.

포도주는 현에게 가르치네,
부드러운 가락을 연주하지 말라고,
포도주가 잊으라 가르치네,
날 속인 아가씨들, 그대들을.

언젠가 포도주를 마시다가
죽음이 찾아오면.
한 모금 더 마시고 — 웃으며
차가운 그대의 품으로,

* 문학잡지 『아테너에움(Athenaeum)』 1842년 5월 22일 자에 실은 최초의 지면 발표작이다.

무덤 속으로 쓰러질 거야!

파퍼(Pápa), 1842년 4월 말.

쟁기가 무슨 소용 있으리…

—— MI HASZNA, HOGY A CSOROSZLYA…

쟁기가 놀고 있던 땅을
갈아 일구어도 무슨 소용 있으리?
그대가 그 안에 씨를 뿌리지 않는다면,
잡초만 무성해질 터인데.

여이 아가씨, 그대의 눈길이
내 가슴속 깊이 박혔네,
쟁기가 땅을 이리저리 갈아엎듯이
내 마음을 뒤집어 놓았네.

그대의 눈길 내 마음을 잘못 뒤집어 놓아
내 마음에 오로지 슬픔만 피어나네!
내 마음에 그대의 사랑을 심으시요,
가시 대신 장미꽃이 피어나도록.

파퍼(Pápa), 1842년 7월 15일 이전/ 케츠케미트(Kecskemét), 1843년 초.

훔친 말

—— LOPOTT LÓ

폭풍이 먼지를
일으키듯,
젊은이가 빠른 말을 타고
날듯이 달려가네.

"이보시요, 어디서, 그렇게
급히 오는 거요?"
"저는 대평원에서
망아지를 타고 왔소이다.

히힝거리는 종마가
거기서 풀을 뜯고 있더이다.
거기서 적갈색 망아지를
훔쳤소이다.

이미 투리 장(Túri vásár)*이
멀지 않아,
가난한 젊은이가
말을 타고 그리로 가오이다."

* 헝가리 중동부에 위치한 대평원의 도시. 원래는 메죄투르(Mezőtúr)이나 줄여서 투르(Túr)라고도 부르며, 14세기부터 대평원의 모든 자원이 거래되는 유명한 시장이 열리는 장소였다. 젊은이는 종마를 훔쳤는데도 망아지라고 둘러대며, 그 말을 투르의 장에 가서 팔아 치우려는 말도둑이다. 하지만 자기 마음을 말 주인의 딸이 가져갔으니, 자신의 죄가 크지 않다고 역설한다. 이 시는 전통 민요의 해학성을 페퇴피가 이어받아 새로운 민요시로 선보인 것이며, 초기 페퇴피가 발표한 거의 모든 시의 특징이다. 민요에서 자주 등장하는 대평원의 말 도둑을 주인공으로 하여, 민요시가 가진 역설과 해학의 기능으로 억눌린 민중의 현실적 정서를 환기해 주고 있다.

"에이 그러면 안 되오, 착한 양반아,
절대 그러면 안 돼!
제발 내 말을
돌려주시게.

거기서 풀을 뜯고 있던,
종마는 내 것이오.
당신이 내게서
그 말을 빼앗은 것이오."

하지만 강도는
그 말에 따르지 않지.
그 양반 벌써 저 멀리
가네.

그렇지만 말 주인을
위로하려고,
뒤로 돌아서면서, 이렇게
대꾸하네.

"손해를 보신 것은 아닙니다,
주인장.
그래도 아직 말들이
많지 않습니까.

헤이, 내 마음에
심장은 단 하나뿐인데 —
댁의 따님이 그 마음을
훔쳐 갔소이다."

케츠케미트(Kecskemet), 1843년 1월 14일~4월 7일.

부엌으로 들어갔네…

—— BEFORDULTAM A KONYHÁRA…

부엌으로 들어갔네
담뱃대에 불을 붙인다며…
허나 담뱃대에 불을 붙이려면,
아직 타고 있지 않아야 했지.

내 담뱃대에는 이미 불이 잘 붙어 있었으니,
담뱃불 때문에 그리로 간 것인가!
그곳에 간 건, 아리따운 아가씨가,
거기 있다는 걸 알기 때문이지.

아가씨가 불을 피우며,
지피는 대로, 불길이 타오르네.
어쩌나 그녀의 두 눈에도,
커다란 불이 활활 타오르고 있어!

내가 들어서자, 그녀가 나를 보았지,
마술을 부린 것도 아닐 텐데!
타던 담뱃불이 꺼졌는데도,
고요하던 내 마음 불타오르고 있네.

페스트(Pest), 1843년 7월.

버드나무 가지로 만든 내 작은 피리

—— KIS FURULYÁM SZOMORÚFŰZFA

묘지에서 슬퍼하는 나무,
그 버드나무 가지로 만든 내 작은 피리,
거기 봉분 위에서 피리를 다듬었으니,
그렇게 구슬픈 소리 나도 놀랄 일이 아니야.

내 사랑하는 이여, 그곳에서 눈을 감다니!
나의 어두운 세계를 밝혀주던,
내게 삶의 의욕을 불어넣어 주던,
그대 빛을 이제 더 이상 볼 수 없다니!

저녁이면 양 떼가 천천히 집을 향해 가는데,
나는 천천히 묘지 방향으로 가오,
파리한 달이 얼굴을 내밀면,
피리의 애타는 가락이 울리오.

슬픔이 나를 다 갉아먹을 때까지
그때, 그때까지 고통의 신음을 토하리.
언젠가 그 신음 소리와 함께
내 영혼 역시 저세상으로 날아갈 때까지.

디오세그(Diószeg), 1843년 10월 후반~11월 전반.

내 사랑, 내 사랑…

—— A SZERELEM, A SZERELEM…

내 사랑, 내 사랑,
내 사랑은 어두운 웅덩이.
그 속에 빠졌네, 빠졌어.
볼 수도 들을 수도 없소.

아버지의 가축 무리를 돌보고 있는데,
목에 달린 방울 소리도 들리지 않소.
가축이 파랗게 순이 돋은 밭에 들어갔는데,
아이고, 뒤늦게 알아차리오.

어머니가 가방 가득
먹을 음식을 담아 주셨는데,
세상에 가방을 잃어버리고,
굶기를 밥 먹듯 하오.

아버지, 어머니,
이제 저를 절대 믿지 마십시오,
행여 잘못하더라도, 못 본 체해 주십시오 —
제가 무슨 짓을 하는지, 저도 압니다!

씨케이히드(Székelyhíd), 1843년 11월 24일 이전.

꽃에게 하지 마라 할 수 없네…

—— A VIRÁGNAK MEGTILTANI NEM LEHET…

꽃에게 '찬란한 봄이 와도
피어나지 마라'고 할 수 없네,
봄은 소녀요, 꽃은 사랑이니,
봄에는 피어나야만 하네.

사랑하는 이여, 그대를 보았고, 사랑하오!
그대의 아름다운 영혼을 사랑하게 되었소 —
그대 매혹적인 두 눈의 맑음 속에서
부드럽게 미소 짓는, 아름다운 당신의 영혼을.

내 마음에 비밀스런 의문이 생겨나오.
그대 다른 사람 사랑하나 아니면 나를 사랑하나?
이 두 가지 생각이 머리 속에서 왔다 갔다 하오,
가을날 구름이 햇살을 가리다 걷히듯이.

만일 그대 뽀얀 장미 같은 얼굴이
다른 사람의 입맞춤을 기다리는 걸, 알게 되면,
나는 이 거대한 세상의 유랑자가 되겠소,
혹은 자신을 죽음에게 내어 주겠소.

나를 비추어 다오, 내 행운의 별아!
내 인생에 슬픈 밤이 오지 않도록
보석 같은 사람, 할 수 있다면, 나를 사랑해 주오,
하느님께서 그대의 영혼을 축복하시도록.

데브레첸(Debrecen), 1843년 12월 2일경.

지겨운 종살이

—— MEGÚNT RABSÁG

내가 할 수 있는 일은
모두 다 했어,
언젠가 그녀가 나를 사랑하리라는
희망을 품고.

내 마음은 멈추지 않는,
거센 불길 같았지,
바람이 불자 불길
지붕 위로 쫓아와.

그렇게 나는 따스한 불길 되었어,
겨울 밤, 그 불 위에서
목동들이 평화롭게
몸을 녹이는

절벽 위에서 심연으로
내려 떨어지는 폭포였어,
나는 물거품과 요란한 소리내며
사방으로 흩어졌어.

그러다가 조용히, 아무 소리 없이 흐르는
꿈꾸는 시내가 되었어,
시냇가에 핀 꽃에서
행복을 찾았어.

나는 황폐하게 높은
절벽의 정상,
천둥 소리 울리는 벼락이 사는 곳,

거만한 매가 사는 곳.

이제 나는 계곡 깊은 곳에
숨어 있는 풀밭이 되었네.
꾀꼬리들이 슬프게
울어대는 곳이 되었네.

되었소… 되어보지 않은 것이 무엇이리!
무엇이 되어보지 않았나!
그런데도 이 아가씨 지금 역시
예전과 똑같네.

이제 더는 그녀를 쫓아다니지 않으리!
너무 과한 노력이네.
혹은 이런 희생으로도
다다를 수 없을 테니.

사랑이여, 그대의 쇠사슬을
이제 떨쳐 버리겠소.
사랑스런 사슬이오, 정말로 친근한,
그래도 쇠사슬은 쇠사슬.

내 영혼아 이제, 날아라
너의 오랜 날개로,
자유의 무한(無限)이
굴어뎅기는 곳으로!

데브레첸(Debrecen), 1843년 12월 말.

말하고 싶어…

—— ELMONDANÁM…

말하고 싶어… "소녀야, 멈춰,
너는 내 사랑, 나의 별, 멈춰!"
신이 주신 내 심장을,
봐, 필요하면, 너에게 줄게."

말하고 싶어, "나의 마음 바다인데,
이 바다를 다스리는 사람은 너!
바다와 잘 지내렴, 가장 아름다운 진주
신의의 진주가 이곳에서 자라니까."

말하고 싶어, "이 진주 순수한 광채를
영원히 간직하리라."
이 말을, 또 더 많은 말을 하고 싶어.
하지만 말하지 않아, 듣는 사람 없기 때문에.

데브레첸(Debrecen), 1844년 1월~2월 중순.

노래

—— A DAL

요람에 누운 아기가 잠에서 깨어 울자,
유모가 요람 앞에서
노래를 부르네 — 노래가
아기를 잠재우네.

수많은 내 고통이 아기처럼
아프다고 울어대네.
노래를 노래로 엮어 — 나의 노래로
그 고통을 잠재우네.

데브레첸(Debrecen), 1844년 1월 1월~2월 중순.

나는 불행했노라

—— BOLDOGTALAN VOLTAM

나는 불행했노라
일생 내내.
행복을 누릴 자격이 없었으니
그나마 다행이지.

앞으로도 불행할 거야
관 뚜껑이 닫힐 때까지,
그래도 머지 않아 죽게 될 거니
그나마 다행이지.

뭐라고 설득해도 소용없어,
무슨 말을 해도 소용없어,
내가 아는 단 한 가지는
오래 살지 못한다는 거지.

데브레첸(Debrecen), 1844년 1월 1일~2월 중순.

얼푈드*의 케츠케미트**는 유명한 도시…

—— HIRÖS VÁROS AZ AAFŐDÖN KECSKEMÉT…

티서강과 두너강 사이의 사투리를 사용하여

얼푈드의 케츠케미트는 유명한 도시제,
나가 거서 태어났는디, 거그 빵을 먹고 컸단께.
긍께 헝가리 사람이 밀을 심고,
이쁜 색시가 맛난 빵을 구웠제.

뭔 기술이 있간디, 기술 같은 거 필요 없었제,
쏠쏠한 벌이가 있었제, 그보다 더 괜찮은 일자리는 필요 없었제.
고리짝부터, 지금까지, 나중까지 쏠쏠한 벌이가 될겅께,
두 눈 똑똑히 뜨고 있다 대평원을 지나가는 나그네를 보기만 하면 된당께.

여그 안장 올린 적토마 보소, 이것도 돈 주고 산 게 아닌지라.
불쌍한 청년에게 힘 쓰지 않고 얻은 거란께.
말 머리는 반짝이고, 다리는 연한 갈색이제 —
고삐를 풀면, 바람도 따라잡지 못한당께.

나가 왕자님처럼, 요런 말을 타고 다니제, 우쭐거리면서 말이제,
내 팔통 넓은 셔츠가 바람에 이리저리 펄럭이제,
내 오른 눈 위에 뾰족 모자를 쓰고 다니다가

* 원어는 Alföld. 헝가리 동부 지역에 펼쳐진 광활한 스텝 지역. 이웃한 우크라이나, 루마니아, 크로아티아와 세르비아까지 이어진 평원은 약 100,000km²에 이르며 이 중 약 52,000km²가 헝가리의 땅이다. 이곳은 독특한 자연환경으로 인하여 특별한 생활 양식을 가지고 있는 지역으로, 페퇴피의 고향 키시쾨뢰시(Kiskőrös)도 이곳에 위치하고 있다. 고향에서의 행복한 기억을 가진 시인은 여러 번의 시에서 고향에 대한 사랑을 드러내고 있다.

** 원어는 Kecskemét. 얼푈드에서 부다페스트와 가장 가까운 도시.

누굴 만나도 모자를 들어 올리면서 인사를 안 한당께.

부거츠*의 주막에 잠깐 잠깐 들러,
마음 내키는 대로 먹고, 마시제,
거그 주막에서 날 확실히 믿는당께,
나가 계산은 정확하잖여, 절대 떼먹지 않으니께.

내 얼룩말이 나만큼이나
거그 사람들을 잘 알제
사람들이 오면, 말이 얼른 올라타라고 — 크게 히힝거려,
나가 말을 타고 있으면, 사람들이 모여와도 별 수 있겄나!

데브레첸(Debrecen), 1844년 1월 1일~2월 중순.

* 원어는 부거츠(Bugac): 헝가리 남부 대평원에 위치한 지역으로 케츠케미트 남쪽에 위치한, 대평원 지역을 오가는 사람들이 거쳐야 하는 요지이다. 시의 화자는 행인들의 말이나 귀한 물건을 뺏는 강도이다. 헝가리 전통 민요에서 강도는 자주 주인공으로 등장하여 억압받고 가난하게 살고 있는 민중들의 염원 — 자유롭고 용감한, 비합법적 생활 — 을 구현하는 역할을 한다. 전통 민요시의 정서를 이어받은 페퇴피는 창작 초기 전통과 자신의 시적 재능을 담은 새로운 민요시를 소개하였고, 이를 통해 헝가리 민중의 사랑을 받는 민족 시인이 될 수 있었다.

어떻게 해야 하는지, 아직도 모르겠어…

—— DE MÁR NEM TUDOM, MIT CSINÁLJAK…

어떻게 해야 하는지, 아직도 모르겠어, 어째야 하지?
술이란 술을 다 마셔야 하나.
마시면 마실수록,
더더욱 목이 말라져.

왜 하느님은 지금 기적을 안 일으키시지?
신이 티서 강물을 술이 되게 하면,
내가 두너 강물을 술로 만들게 놔둘 거야,
티서 강물이 내 몸 속에 들어와
두너 강물을 술로 만들게 놔두시겠지!

또꺼이(Tokaj)*, 1844년 2월 후반부.

* 또꺼이는 헝가리 북동부에 위치한 유명한 포도주 산지이다. 이곳에서 나는 포도주는 귀부(貴府) 곰팡이를 통한 발효 방식을 사용하여 단 맛이 강하다. 루이 14세가 좋아했던 또꺼이는 지금도 세계적으로 맛 좋고 귀한 포도주로 인정받고 있다. 페퇴피 역시 또꺼이를 방문하여, 포도주를 맛 본 뒤에 포도주를 마시고 싶은 마음을 과장하여 이 시를 썼을 것이다.

갈림길에 서 있네…
—— KERESZTÚTON ÁLLOK…

갈림길에 서 있네,
어디로 가야 할까?
이 길은 동쪽으로 이어지고,
저 길은 서쪽으로 이어지는데.

어느 방향으로 가든,
내게는 모두 똑같아,
어느 곳으로 가든 내 인생
슬퍼라.

죽음이 나를 기다리는 곳
그곳이 어디인지 알 수 없을까?
안다면, 곧장 그 길을
택할 수 있을 텐데!

———

미시꼴츠(Miskolc), 1844년 2월 후반부.

나는 허약하구려…

—— GYÖNGE VAGYOK…

나는 허약하구려, 몸도 마음도
지쳤소.
내게 잠자리를
마련해 주오.
사랑하는 이여, 누울
자리를 마련해 주오,
편안하게 그 안에서
쉬게 해 주오.

맙소사! 침대 위에 있는 것이
무엇이오?
삭신이 쑤시고, 온 몸이
아프구려.
내 사랑의 따스한 손길
느낄 수 없고
오로지 죽음의 차가운
손길만 느껴지다니.

페스트(Pest), 1844년 3월.

달빛이 하늘 바다에서 물놀이하고…

—— FÜRDIK A HOLDVILÁG AZ ÉG TENGERÉBEN…

달빛이 하늘 바다에서 물놀이 하고,
깊은 숲속 도적은 생각에 잠겨 있네.
밤새 내린 이슬 풀에서 떨어지고,
이슬보다 굵은 눈물 도적의 두 눈에서 떨어지네.

도끼 자루에 기대어 이렇게 중얼거리네.
"왜 해서는 안 되는 일을 저질렀을까!
언제나 내가 잘 되기를 바라던, 어머니,
어머니, 왜 당신 말씀을 따르지 않았을까요?

고향을 떠나, 정처 없이 떠도는 나그네가 되었고,
도둑과 강도 떼에 들어가고 말았구나.
지금도 그들 사이에서 가련하게 지내고 있으니,
죄 없는 나그네들이 몹시 무서워하지.

나 집으로 가리라, 여기 모든 걸 버리고,
기쁨 버리고 가리라, 허나 이미 이제는 불가능하구나.
어머니가 돌아가셨어… 우리 오두막집이
오래전에 무너졌어… 거기에 교수대가 세워졌대."

———

페스트(Pest), 1844년 3월.

무엇이 커다란 겔레르트* 언덕보다 더 클까…

—— MI NAGYOBB A NAGY SZENT-GELLÉRTHEGYNÉL…

무엇이 커다란 겔레르트 언덕보다 더 클까?
무엇이 깊고 깊은 두너 강물보다 더 깊을까?
내 사랑은 두너 강물보다 더 깊고,
내 아픔은 겔레르트보다 더 크네.

두너 강변의 풀밭에 누워 있었네,
내 옆에서 어부들이 고기를 잡고 있는데,
어린 물고기가 그물에
많이 걸리니 곧 풀어주더군.

만일 내 그물 속에 아주 커다란
정말로 큰 고기가 잡힐 것을 안다면,
내가 끌려갈 만큼 그렇게 큰 물고기라면,
나도 즐거이 고기를 잡을 텐데.

페스트(Pest), 1844년 3월 말~4월 초.

* 원어는 Gellérthegy. 부다페스트의 왕궁 옆에 위치한 언덕으로 야경을 잘 볼 수 있는 장소로 유명하다. 성 겔레르트는 1020년 순례 여행 중 헝가리에 도착한 베니스의 성직자로, 당시 헝가리가 기독교를 받아들이도록 노력하던 이스트반왕의 간청에 헝가리에 머물며 포교 활동을 하였고, 처나드(Csanád)의 주교가 되어 생애 마지막까지 전도에 힘써 성인품에 오른다. 엘제베트 다리 앞에 위치한 겔레르트의 동상 아래로 인공 폭포가 흐른다. 페스트에서 마주보면 오른쪽에 겔레르트 동상이, 왼쪽에는 온천수로 유명한 겔레르트 호텔이 위치한다. 성인에 대해서는 많은 설화가 남아 있으며, 헝가리 전역에 그의 동상과 조각상이 다양하게 분포되어 있다.

어린 신부여, 어리고 예쁜 신부여…

—— KIS MENYECSKE, SZÉP KIS MENYECSKE…

어린 신부여, 어리고 예쁜 신부여…
아, 왜 벌써 신부가 되었소?
아직 신부가 되지 않았으면,
나 이리 혼란스럽지 않을 텐데.

너는 나를 남편으로 선택하지 않았어,
내가 인물도 없고, 가진 것도 없으니.
지금 당신 남편은 잘생긴 데다 부자이군 —
잘생기고, 부자이지만, 화가 많군.

난 몰라, 네가 그를 사랑하는지 아닌지.
하지만 그가 널 사랑하지 않는다는 건, 알아.
그는 사랑을 모를 뿐 아니라,
가여운 신부, 그 사랑을 아프게도 해.

너 만일 이런 삶에 진저리가 나면,
그대 손으로 내 손을 꼭 잡고,
같이 두너강 가로 가자,
함께 두너강으로 뛰어들자!

———

페스트(Pest), 1844년 3월 말~4월 초.

물거품이 된 계획

—— FÜSTBE MENT TERV

길 가는 내내 — 집에 가며 —
한 가지만 생각했어.
오랫동안 못 뵌 어머니를
무어라 부를까?

어머니께 제일 먼저 무어라
다정한 말, 멋진 말을 할까?
어머니가 예전 내 요람을 흔들어 주었던
팔을 쫙 벌리고 내게 다가오실 때.

내 머릿속에 수많은
애틋한 말과 생각이 떠올랐어,
마치 시간이 멈춘 것 같았지만,
마차는 쏜살같이 달리고 있었지.

작은 방으로 들어섰을 때…
어머니가 나를 향해 날듯이 다가오셨어.
뺨에 입 맞추는 엄마에게 안겨… 아무 말도 못 했어…
과일이 나무에 매달려 있듯.

두너베체(Dunavecse), 1844년 4월 5일~10일.

저기 들판 위로 무엇이 흐르지?

—— MI FOLYT OTT A MEZŐN…

저기 들판 위로 무엇이 흐르지?
시내의 맑은 물 흐르는데 —
이런, 내 사랑하는 이의 얼굴 위에
슬픔의 눈물이 흐르다니?

시내가 흐르도록 내버려 둬!
물결이 흘러가면서
푸른 들판에
붉은 장미꽃이 자라나겠지.

그러나 눈물 흘리지 마,
내 사랑 소녀여!
그대 얼굴에 핀 장미꽃이
눈물에 시들어 버리니까.

페스트(Pest), 1844년 4월 10일~18일.

꿈을 꾸었나?

—— ÁLMODOM-E?

꿈을 꾸었나?
아니면 진짜로 본 것일까?
내가 본 것이
선녀야 아가씨야?

아가씨라고 해도,
선녀 같았어,
아무렴 어때,
그 사람이 나를 사랑해 준다면야!

두너베체(Dunavecse), 1844년 4월 20일~6월 15일.

주지*에게

—— ZSUZSIKÁHOZ

그 포도주 가져오지 마, 가져오지 마, 아가씨!
포도주 없이도 이미 취했어.
그대의 매력에 취했어,
정신이 나갔어,
마실 수 없어… 그럴 필요가 없어… 많아도, 너무 많아.

혹 사랑을 담은 포도주를 가져온다면
네가, 그것을?… 네 사랑을?… 나에게?…
그럼 그 잔을 이리 줘,
한 방울도 남기지 않고 다 마실게,
독이라고 해도, 꿀꺽 삼킬게!

두너베체(Dunavecse), 1844년 4월 20일~6월 15일.

* 원어는 Zsuzsi로 주전나(Zsuzsanna)라는 여성 이름을 줄인 형태. 이름을 줄이는 경우는 가까운 사람이나 좋아하는 사람에게 애칭으로 부를 때인데, 여기에 -ka, -ke라는 축소어미를 붙여 더 사랑스럽다는 의미로 사용한다. 주전나의 영어 이름은 수잔(Susan).

내 술잔에게

—— POHARAMHOZ

너를 특별히 소중히 여긴다, 오 술잔!
너에게 부끄러운 단 한 가지,
너에게 부끄러운 단 한 가지는, 오 술잔!
단숨에 꿀꺽 다 마셔 버리는 것.

내가 만약 너라면, 오 술잔!
포도주가 계속 샘솟게 할 거야,
그 후 네가 내가 되면, 오 술잔!
내 잔에서 끝도 없이 마셔.

두너베체(Dunavecse), 1844년 4월 20일~6월 15일.

내 목에 매인 물레방아

—— AZ ÉN TORKOM ÁLLÓ MALOM…

내 목에 매인 물레방아는
물을 흘려주면, 돌아간다네.
가련한 내 마음은 목구멍 위에
슬픔을 지닌 방앗간 주인,

내 아내의 목은
진짜로 돌아가는 물레
이봐 나의 훌륭한 아내가
그걸로 내게 말싸움을 걸어.

물레방아가 무엇을 갈면, 윙윙대지, 윙윙대…
윙윙거리게 하고, 나는 물을 뿌리네,
윙윙대라, 윙윙대 — 내 마나님 물레
돌아가는 소리를 듣지 못하도록.

———

두너베체(Dunavecse), 1844년 4월 20일~6월 15일.

너는 내 마음을 사로잡은 아름다운 신비…

—— TE SZÍVEMNEK SZÉP GYÖNYÖRŰSÉGE…

너는 내 마음을 사로잡은 아름다운 신비,
너의 가슴 왜 그리 돌처럼 단단하니?
정말로 너 누군가
죽일 작정이니?
그게 아니면 너는 왜
사랑하는 사람의 아픔을 달래주지 않니?

나는 너의 연인, 충직한 연인이라고
신과 사람 앞에서 말할 수 있어.
하지만 다른 말도 할 수 있지,
이 세상이 넓다지만,
이 세상에서 가장 잔인한 사람이
바로 너라고.

두너베체(Dunavecse), 1844년 4월 20일~6월 15일.

양치기가 당나귀를 타고 가니…

— MEGY A JUHÁSZ SZAMÁRON…

양치기가 당나귀를 타고 가니,
양치기의 발이 땅에 닿네.
건장한 청년이지만
불행이 그를 덮어버리네.

풀이 무성한 언덕 위에서 피리를 불고,
양떼들에게 풀을 뜯게 했지.
그러다 연인이 죽어간다는
소식을 들었네.

번개처럼 당나귀를 타고,
집으로 달렸네.
그런데도 도착하니,
이미 그녀는 세상 떠난 뒤.

비통한 마음에
무엇을 할 수 있었겠어?
양치기 지팡이를 들어
당나귀 머리를 내리치고 말았지.

쿤센트미클로시(Kunszentmiklós), 1844년 5월~6월 중순 이전.

대평원에서 태어났네…

—— PUSZTÁN SZÜLETTEM…

나는 대평원에서 태어나, 대평원에서 산다.
지붕에 굴뚝이 붙은 작은 집조차 없어.
하지만 가축 우리와 멋진 말은 있어.
나는 얼푈드 저지대의 말 키우는 목부.

내가 가야 하는 곳이 여기든 저기든
말 등에 훌쩍 올라타.
안장 얹을 필요도 없이 —
나는 얼푈드 저지대의 말 키우는 목부.

내 면 바지와, 새하얀 면 셔츠는
산 게 아니라, 내 님이 만들어 주었지.
야호, 내일이면 나의 어여쁜 님이
얼푈드 저지대 목부의 각시가 된다.

———

쿤센트미클로시(Kunszentmiklós), 1844년 5월~6월 중순 이전.

나무에 열린 신 체리* 셀 수도 없어라

—— EZRIVEL TEREM A FÁN A MEGGY…

나무에 열린 신 체리
셀 수도 없네…
내 아내 오직
한 사람인데.
게다가 이 하나도 너무
많은데!
조만간 무덤으로
데려갈 거야.

정말 끔찍한
여자야!
근처로 가까이 오면,
오금이 저려.
하라는 일을 모두
다 하는데,
나한테 돌아오는 건
욕 바가지.

그래서 이런 생각도 해 본 적이
있어,
나중에 늙어 힘을 못 쓰면, 실컷 패…

* 원어는 meggy 체리와 모양, 색, 크기가 거의 비슷한 과일. 체리보다 신맛이 훨씬 강하기 때문에, 그대로 먹지 않고 설탕에 재운 뒤 잼처럼 만들어 케익이나 파이에 함께 넣어 먹는다. 영어로는 sour cherry, tart cherry라고 한다. 페퇴피의 초기 민요시에는 해학이 들어 있는데, 일상에 대해 과장된 묘사로 익살스러운 표현을 한다. 예를 들면 〈홈친 말〉, 〈지겨운 종살이〉, 〈내 목에 매인 물레방아〉, 〈기술자 팔 아저씨〉에서도 과장해서 일상을 표현하는 해학성이 두드러진다.

줘야지.
하지만 마누라 눈을 마주하는
순간,
용기는 혼비백산 사라지고
말아.

세 번이나 죽을 위기에
처했는데.
세상에 맙소사! 아주 가버렸더라면
좀 좋아.
저승사자도 데려가려 하지
않아,
저승사자에게도 필요 없을 만큼
고약해서.

페스트(Pest), 1844년 6월 둘째 주~7월(혹은 3월 말이나 4월).

이 세상 넓고 넓지만…

—— EZ A VILÁG AMILYEN NAGY…

이 세상 넓고 넓지만,
내가 사랑하는 이, 너는, 너무 작아.
그래도 네 마음을 얻을 수 있다면,
이 세상을 다 준다 해도 바꾸지 않을 거야!

너는 해, 나는 밤,
칠흑같이 어두운 겨울 밤.
우리 마음 서로 통하면,
내 위로 아름다운 여명이 비출 거야!

나를 보지 말고, 아래쪽을 봐 —
네 눈길 내 영혼을 타버리게 하니!
그런데 네가 나를 사랑하지 않으니
가엾은 내 마음이 모두 타 재가 되네!

———

페스트(Pest), 1844년 6월 후반~7월(혹은 3월 말~4월).

얼푈드

—— AZ ALFÖLD

너는 내게 무엇인가, 거친 카르파티아*
전나무 솟은 먼 동화 속 나라 같은 곳!
감탄하네, 너를 사랑하지 않고서는,
네 골짜기를 지나는 상상할 수 없구나.

얼푈드의 저지대가 바다처럼 낮게 펼쳐진 아랫쪽,
그곳은 내 고향, 그곳은 내 세상,
저지대의 끝없는 대평원을 보면, 내 영혼은
감옥에서 풀려난 독수리처럼 자유로워지노라.

이럴 때 나는 생각 속에서 날아오르네
지상을 넘어 구름 가까이로,
두너강에서부터
티서강까지 펼쳐진 풍경이
나를 바라보며 미소 짓네.

신기루같이 맑은 하늘 아래
키시쿤사그** 지방의 살진 소 백 마리가,
정오 무렵이면 긴 지렛대가 달린 우물 옆
긴 물통 양쪽으로 워낭 소리 울리며 늘어서네.

* 카르파티아산맥. 중부 유럽의 중심부를 가로지르는 산맥으로, 오스트리아, 슬로바키아, 루마니아, 우크라이나, 세르비아에 걸쳐 있으며 헝가리의 동부 거의 모든 지역과 연결되어 있다.

** 헝가리 남동부에 넓게 펼쳐진 얼푈드에서 서쪽에 위치한 지역 이름. 두너강과 티서강에 둘러싸인 헝가리 남부 지역으로 현재는 케츠케미트 일대에 키시쿤사그 국립공원(Kiskunsági Nemzeti Park)을 조성하여, 자연을 보호하고 있다.

종마들이 모여 질주하자
바람이 일며 윙윙, 다그닥 소리 울리네,
마부들이 외치는 소리가 들리고
크게 퍼지는 채찍 소리.

외딴집 옆 이삭 돋은 밀은
부드러운 산들바람의 품에 안겨 흔들리네,
싱싱한 에메랄드빛이
주변 모든 것에 화관을 씌워 놓은 듯하네.

땅거미 지자 옆에 있는 갈대밭에서
들오리들이 이리 오네,
갈대가 바람에 흔들리기라도 하면,
화들짝 놀라 하늘로 날아오르네.

외딴집 지나 거친 평원 깊숙한 곳에
굴뚝도 허물어진, 외로운 주막이 서 있네,
케츠케미트* 시장으로 가는 길에,
목마른 강도들이 들리는 곳.

주막 옆에 키 작은 포플러 나무숲이
모래 식물처럼 노랗게 변해 가네.
날카롭게 소리 지르는 조롱이가 둥지 튼 곳,
아이들이 괴롭힐 수 없는 저만치에 있네.

거기에 슬픈 깃털 풀과

* 부다페스트에서 남쪽으로 차로 1시간 가량 떨어진 도시로 제 3의 도시인 세게드로 가는 중간에 위치한다. 헝가리의 음악가이자, 음악 교육에 대한 체계적인 교육법을 정리한 코다이 졸탄의 출생지라, 노래와 음악을 전문적으로 가르치는 코다이 초등학교와 중등학교가 있다.

당나귀 풀의 파란 꽃이 자라네
정오의 작열하는 태양을 피해
도마뱀이 시원한 줄기 밑으로 쉬러 오네.

하늘과 땅이 만나는, 아득한 곳,
아스라히 파란 과일 나무 꼭대기가
보이고, 희미한 안개기둥처럼, 사라졌다가,
다시 저 멀리 도시 교회당의 첨탑이 하나 둘 보이네. —

아름다워라, 얼펠드, 적어도 내게는 너무 아름다워!
이곳 내 요람이 흔들리고, 내가 태어난 곳.
또한 내 몸에 수의가 덮일 곳, 이곳에
내 몸 위로 무덤의 봉분이 둥글게 솟으리.

페스트(Pest), 1844년 6월 후반~7월.

내 동생 이스트반에게

—— ISTVÁN ÖCSÉMHEZ

동생, 가족들은 모두 잘 지내?
가끔씩 내 생각 해 주니?
저녁 식사를 한 뒤
서로 진실하고 행복한 이야기를 나누다,
저녁이면 두런두런, 지금
우리 샨도르가 무얼 할까? 묻기도 하는지.
그건 그렇고 일은 잘 되어 가?
너희가 엄청나게 고생한다는 사실을, 나도 알아.
먹고 사는 데 필요한 것을 위해
끝도 없이 일하며, 살고 있지.
불쌍한 우리 엄마! 엄마가
사람을 안 믿었으면, 사기당하지 않았을 텐데.
엄마가 너무 양심적이고, 착하기 때문에,
다른 사람도 다 그렇다고 생각하니까.
그런 생각 때문에 그런 불행을 당한 거지,
당신이 이루신 모든 것을 다 잃으셨어.
너희들이 피땀 흘려 일구어 놓은 것을
이제 다른 사람이 다 가져가 버렸어.
하느님은 도대체 왜 나를 사랑하지 않으실까?
내 운명을 멈추게 할 방법이 있을 텐데.
늙어서까지 지친 채
달콤한 기쁨을 찾아서 헤매게 된다면.
나를 고통스럽게 하는 건, 지금 이런 생각이
편안한 내 삶을 고통스럽게 만드는 것뿐이야.
네 힘이 닿는 대로, 어머니를 돌보아 드려.
훌륭한 아들이 되어, 어머니를 보살펴 드려.
어머니의 짐을 네 어깨에 대신 져 줘,
동생아, 하느님도 너를 도와주실 거야.

그리고 어머니를, 정말 따스하고 좋은 우리 어머니를,
동생아, 사랑하고, 존경하고, 보살펴 드려!
우리에게 어머니는 무엇인지? 표현할 말이 없어,
말로 표현할 수가 없어, 도저히 내 생각을 표현할 말이 없어,
만약 하늘이 어머니를 불러 간다면… 이 말을 동생, 너는 이해할 거야.
나는 기쁜 말을 하고 싶었는데,
나도 모르게 이런 어두운
생각이 스쳐 간다.
이 생각을 계속 한다면,
마음이 너무 고통스러워져,
나음 번 편지에는 더 즐거운 소식을, 더 많이 보내마.
하느님께서 너를 축복하시길, 사랑하는 동생 피스터야!

페스트(Pest), 1844년 6월

데브레첸에서 보낸 겨울

— EGY TELEM DEBRECENBEN

헤이, 데브레첸,
너를 생각하지!…
정말 고생했던 곳,
그래서
너를 기억하는게,
이리 쉬워. —
가톨릭 신자도 아닌데.
단식을 했지, 아주 오랫동안.
인간에게 상아 같은 이가 있는 건, 다행이야,
하느님께서 현명하게 제대로 만들어 주셨어,
만약 내 이가 쇠로 되어 있었다면,
녹슬어 부서져 버렸을 거야.

겨울이 깊어 갈 수록
불을 피울 땔감이
점점 더 부족해졌어,
냉방에서 잠을 자고,
구멍이 숭숭 뚫린 털옷을 입고,
집시처럼, 잠자리에서 밖을 내다보며,
"어이구, 저기 밖은 정말 춥구나!"
말할 수 있었을 거야.

시로 읊는다면,
얼마나 멋질까!
추위에 손가락이 곱았어,
그런데 왜 그때에도 손을 꿈적거렸을까?
내가 할 일이 뭐 있겠어?
담배에 불을 붙이려고

애를 썼지,
곱은 손이 움직일 때까지.

이런 궁핍에서 기쁨을 준 단 한 가지는,
이보다 더 어려웠던 적도 있었다는 것이었어…

페스트(Pest), 1844년 8월.

삶과 죽음

—— ÉLET, HALÁL

행복하여라, 살아서는
술 마시고, 님을 사랑하다가
죽을 때는 조국을 위하여 죽는
운명을 가진 이여, 그대 행복하여라.

———

페스트(Pest), 1844년 8월.

기술자 팔 아저씨

—— PÁL MESTER

기술자 팔 아저씨가 고민을 하다가
급하게
모자를 삐딱하게 돌리며,
"에이, 빌어먹을!
저런 여편네를 나한테 보낸 게 누구야?
마누라가 없어야 숨통이 트이지,
내쫓아야겠어… 그렇게 해야겠어."
말대로 그렇게 되었다네.

얼마 지나자 기술자 팔 아저씨가 고민을 하더니
이번에는 모자를
삐딱하게 돌리지 않고,
"에이, 빌어먹을!
어쨌거나 마누라를 쫓아내니 힘이 드는군,
마누라가 살림을 잘해 재산이 불어났는데,
이제 다 망했어… 그렇게 될 거야."
말대로 그렇게 되었다네.

기술자 팔 아저씨는 이때에도 고민을 하더니,
다시 급하게
모자를 삐딱하게 돌리며,"에이, 빌어먹을!
슬퍼하고 후회해 봐야 무슨 소용이야?
남은 것도 많지 않지만, 그것도 내줘야지,
계속 내줘야지… 그렇게 될 거야."
말대로 그렇게 되었다네.

기술자 팔 아저씨가 마지막으로 고민을 하더니,
고통스럽게 모자를

눈이 가리도록 푹 눌러 쓰고는,
"에이, 빌어먹을!
이제 모든 것이, 모든 것이 결딴났어,
어째야 하지? 목을 매 버릴까?
목을, 목을 매… 그렇게 될 거야."
말대로, 그렇게 했다네.

페스트(Pest), 1844년 12월.

내리네, 내리네, 내리네

―― ESIK, ESIK, ESIK…

내리네, 내리네, 내리네.
입맞춤 비가 내리네.
내 입술 위로
달게 내리네.

그 비, 그 비
번개처럼 빨리 내리고,
내 사랑, 너의 눈
번개처럼 빛나네.

천둥소리, 천둥소리
우리 등 뒤에서 소리가 나네,
내 사랑, 난 줄행랑을 쳐,
너희 아빠가 오시니까.

페스트(Pest), 1844년 12월.

주인장 야노시

— JÁNOS GAZDA

주인장 야노시는 올바른 농부,
마을 사람 중에 견줄 만한 사람 없어,
단 한 가지 흠이 있다면,
늘 돈이 없는 것.

넓고, 넓은 밭에,
많은 곡식이 자라나는데,
곡식을 팔러 장에 가는데,
그래도 언제나 돈은 없네.

주막에 어슬렁거리지도 않고,
주모에게 "이봐, 포도주
한 잔 더 줘"라고 외치지도 않는데
그래도 언제나 돈은 없네.

마누라가 아주 예쁘고, 말쑥하지,
젊고 잘난 머슴 놈과
친분이 두텁다더군…
그래서 야노시는 늘 돈이 없어.

페스트(Pest), 1844년 12월.

사랑, 사랑…

—— SZERELEM, SZERELEM…

사랑, 사랑,
쓰디쓴 사랑!
너는 왜 그리
잔인하게 나를 괴롭히니?
네가 내 가슴속의
처음이자 마지막이었는데,
오래지 않아 내 관이
준비될 터인데.

목수에게 가네,
묘비에 세울 비문을 주문하네,
단순한 나의 비문 위에
오직 한 줄의 글을 새기리,
검은 글씨로
이런 글을 쓰리라,
"여기에 신의가 찢겨진
장미가 시들었노라."

페스트(Pest), 1844년 12월.

빛나는 별…

—— FÉNYES CSILLAG…

빛나는 별이여, 내게 말하라,
왜 그 높은 곳에 머무르지 않는지?
내게 말하라, 네가 하늘에서
지상으로 내어 달리는 이유가 무엇인지?

"이유는 아마도 단 한 가지,
나의 사랑하는 사람을 보았기 때문.
그녀의 눈이 달빛 너보다 더 아름다워,
복수하려 아래로 뛰어내려 왔겠지."

페스트(Pest), 1844년 12월.

행복한 밤에…

—— BOLDOG ÉJJEL…

행복한 밤이여! 나는 사랑하는 사람과 함께 있네,
작은 정원에서 우리는 서로를 즐겼네,
고요한데, 개만이 짖어 댔네,
저 위 하늘에서는
요정처럼 아름답게
달과, 별이 빛났네.

(내가 죽어 별이 된다면) 훌륭한 별이 되지 못하겠지,
하느님도 아시다시피, 난 하늘에 머물러 있지 않을 거야,
내게 천상은 필요 없어,
지상으로 내려올 거야
매일 밤마다,
사랑하는 이, 네 곁으로.

페스트(Pest), 1844년 12월.

사랑과 포도주

—— SZERELEM ÉS BOR

내가 늘 하던 말을 할게,
생각아 혼란스럽게 하지 마,
우리를 괴롭히지 마!
농담, 소음 유쾌하게 만들어라,
우리는 젊어, 젊음도
시간이 지나면 사라지지.

사랑의 정원으로 가자,
그곳에서는 걸음걸음마다 꽃이 피어 나리,
만일 가시에 찔린 것을 알아채도,
꽃향기가 치유해 주리라.
사랑을 나누자! 우리의 힘, 사랑도
시간이 지나면 사라지니.

사랑의 정원에서
태양은 하늘에서 타는 듯 빛나네,
그늘진 시원한 정자로 가자
포도 열매가 주렁주렁 달린 곳으로.
마시자, 돈이 있으니, 돈도
시간이 지나면 사라지리.

이 모습은 인생의 가장 멋진 모습,
그것과 슬픔을 맞바꾸자.
무지개가 구름을 보며 미소 짓듯이,
술도 우리를 보며 미소를 지으리,
희미하게 빛나는 우리의 젊음도
시간이 지나면 사라지리라.

페스트(Pest), 1844년 12월.

군인이었어 나는…

—— KATONA VAGYOK ÉN…

군인이었어 나는, 만기 제대한 군인,
하사는 되지 못했어, 언제나 사병.
군에 내 젊음을 바쳤어
청춘을 보내고, 늙어 집으로 돌아왔어.

나는 정확하기로 유명했지, 신의도 잘 지켰고.
벌칙 하나도 받은 적이 없었어.
제대할 때, 어떤 상을 받았을까?
장군이 내 어깨를 두드려 주더군.

페스트(Pest), 1844년 12월.

꽃잎이 떨어지네…

—— HULL A LEVÉL A VIRÁGRÓL…

꽃잎이 떨어지네,
내 님과 헤어졌네.
하느님이 함께하시길, 따뜻한 이,
하느님이 함께하시길, 다정한 이,
그대 내 사랑!

달이 하늘 아래 노랗게 되네,
우리 둘 모두 달처럼 창백하네,
하느님이 함께하시길, 따뜻한 이,
하느님이 함께하시길, 다정한 이,
그대 내 사랑!

이슬이 마른 가지 위로 떨어지네,
눈물이 우리 얼굴 위로 떨어지네.
하느님이 함께하시길, 따뜻한 이,
하느님이 함께하시길, 다정한 이,
그대 내 사랑!

장미나무에 또 꽃이 피겠지,
아마 우리 역시 또 만나겠지.
하느님이 보호하시길, 따뜻한 이,
하느님이 보호하시길, 다정한 이,
그대 내 사랑!

페스트(Pest), 1845년 1월.

말할게, 지금까지 무엇을…

—— ELMONDOM, MIT EDDIG…

말할게, 지금까지 내가
무엇을 숨겨 왔는지,
바다가 제일 깊은 물결 아래
진주를 감추어 놓듯.
들어봐, 보석같이 귀한 이,
아름답고, 부드러운 내 사랑!
내가 느끼고 괴로워하는 것이
무엇인지, 말할게.

나는 사랑을 느꼈어,
또 그로 인해 괴로웠어,
커다란 사랑 때문에
가슴의 슬픔도 컸어.
슬픔과 사랑은,
쌍둥이,
나를 괴롭히는 것은
너로 인해 생겨났어.

호된 상황이
내 입 다물게 만들었어,
내 비밀을 아무도
모르도록 했지.
오 이제까지 비밀로 하기
얼마나 힘들었는지!
그 비밀 때문에 얼마나 많이
가슴이 무너졌었는지!

햇살이 구름의 베일을

없애 버리듯,
내 가슴 속에 그대 모습
묻기를 소망했지.
부드러운 바람이
구름을 없애니,
태양은 더욱더
불타며 빛났어.

게다가 다른 사람들 때문에
내 사랑을 여러 번 속였지.
거짓으로 인해
나의 고통 커져갔지.
이제 너는 전부 알아,
내가 무엇을 느꼈고, 무엇을 괴로워했는지.
너 부드러운 답으로
나를 위로하려나?

나의 구원자 십자가의
구세주여 말해 보세요!
여전히 입을 열지 못하나요?
아무 대답도 못 하나요? —
오, 어떤 대답을 한다 해도,
아무 말도 들리지 않아요…
누워있으니… 죽어…
관속에 네*가 누워있으니!

페스트(Pest), 1845년 1월

* 이 시의 주인공은 처뽀 에뗄께(Csapó Etelke, 1829~1845)이다. 16세로 세상을 떠난 소녀에 대한 시인의 사랑을 담은 시는 〈에뗄께의 무덤 위 싸이프러스 잎(Cipruslombok Etelke sírjára)〉이라는 제목으로 세상에 나왔다. 연이은 두 시 〈너를 위해 하지 않은 것이 무엇이었나…〉와 〈너는 단 하나의 내 사랑…〉도 여기에 수록된 작품이다.

너를 위해 하지 않은 것이 무엇이었나…

—— MIT NEM TETTEM VOLNA ÉRTED…

너를 위해 하지 않은 것이 무엇이었나,
작고 아름다운 금발의 그대여!
허나 나의 운명은 사랑을
드러내지 못하게 하였네.

살아 있는 내가, 너를 위해
할 수 있는 것이
네 몸을 관 속에 누이는 것,
그게 전부였어.

페스트(Pest), 1845년 1월.

너는 단 하나의 내 사랑…

—— TE VOLTÁL EGYETLEN VIRÁGOM…

너는 단 하나의 내 사랑,
네가 시들자, 내 삶 망가졌어.
빛나는 햇살이던,
네가 저물자, 내 주변 암흑이었어.
내 상상력의 날개이던,
네가 부러지니, 나는 날 수가 없어.
내 뜨거운 피였던,
네가 차가워졌으니, 오, 앞으로 나는 얼어버리겠어.

페스트(Pest), 1845년 1월.

새도 빠르고, 폭풍도 빠르고…

—— GYORS A MADÁR, GYORS A SZÉLVÉSZ…

새도 빠르고, 폭풍도 빠르고,
번개도 빠르지.
하지만 당연히 더 빠르지
얼필드의 강도가!

오늘 그 양반이 케츠케미트에서
어린 말을 얻었네,
당일로 센트마르톤 옆의
초원을 지나가네.

내일이면 페헤르바르에서
그 말을 팔겠지,
팔고, 그 시장에서
또 다른 것을 훔치겠지.

모레면 벌써 베츠케레크
어디선가
늘씬한 말 위에 앉아
늠름하게 지나가고 있을 걸세.

———
페스트(Pest), 1845년 2월~3월.*

* 시에서 언급된 케츠케미트(Kecskemet)-센트마르톤(Szent Márton)-페헤르바르(Fehérvár)-베츠케레크(Becskerek)는 상당히 거리가 떨어진 곳이다. 얼펠드의 중심지 케츠케미트에서 센트마르톤(현재 루마니아의 샌마르틴)까지는 176km, 차량으로 2시간 20분 소요되는 곳이다. 여기에서 페헤르바르까지는 가장 빠른 도로로 340km, 자동차로 3시간 40분이 소요된다. 페헤르바르-베츠케레츠(현재 세르비아의 즈레냐닌)까지는 323Km 자동차로 4시간 14분이 소요되는 먼 길이다. 하지만 강도는 말을 타고 빠르게 달려, 이 먼 곳으로 계속 이동할 수 있는 기동력 있는 인물이다.

나의 졸작 시에 대하여

—— ROSSZ VERSEIMRŐL

혹 나는 아직도 여전히
걸작 시를 쓸 능력이 없나?
하지만 내 마음의 가장 중요한 덕목은
인간에 대한 사랑.

정말로! … 그래도 나는
언제나 좋은 것을 쓰지.
가엾은 비평가들은
그렇게 해서 무엇이 될까?*

때때로 어느 정도는
비평가가 필요하긴 해.
그들은 모든 쓰레기를
게걸스레 꿀꺽 삼켜버려.

곰곰이 생각해라 가엾은 자야,
너희는 기생해서 살고 있어!
허나, 잘못 생각하지 않았다면,
아마 그들 역시 사람이겠지.

———

페스트(Pest), 1845년 2월~3월.**

* 자기 작품에 대해서 신랄한 비난과 비판만 하는 비평가들을 비유하고 있다.

** 1845년 이제 겨우 22살의 젊은 시인이 전 국민의 사랑과 인정을 받자, 그만큼 많은 사람들의 적대감과 비판이 그를 향하게 되었다. 그간 알고 지내던 지인, 친구, 믿었던 사람들이 그에게 등을 돌리고 신랄한 비평을 쏟아내면서 페퇴피의 마음에 상처를 내지. 시인을 시기하는 스베린(Szverin)의 비평이 『페스트 신문(Pesti Hirlap)』에 실린다. 시인 자신도 〈나의 졸작 시에 대하여〉, 〈누가 자유로운가〉, 〈혼데뤼에게〉라는 시에서 자신이 처한 상황에 대한 묘사와 더불어 자기 입장을 밝히고 있다. 참고: Sőtér István(Szk.), A magyar irodalom története III. Budapest, Akadémiai Kiadó, 752.

사랑의 갈망

—— SZERELEMVÁGY

어느새 다시 사랑하고 싶어…
정원이 무슨 의미가 있나, 장미꽃을 피우지 않으면?
내 사랑으로 멋지게 장식하지 않는다면,
대체 인생이, 젊음이 무슨 의미가 있나?

사랑했었네, 그리고 이제까지
사랑의 슬픔만 느꼈지만,
이 슬픔 무엇보다 더 달콤하였지,
내 마음 오직 그것만 기억할 수 있네.

오 신이시여, 그 고통 속에서도 사랑은
벌써 이렇게 행복하게 만들어 주니,
내 마음 안에 부드러운 미소와 함께 머문다면,
그때에는 얼마나 더 행복하게 될까요!

내 영혼은 집 없이, 떠도는 한 마리 새,
어디에 둥지를 지을까? 찾으며 날고 있네.
외딴집을 고대하는 나의 열망이 피어나는
소녀의 마음은 어디에 있을까?

나 비록 다시 사랑하기를 갈망해도,
죽은 그 소녀를 잊지 않았네…
산꼭대기에는 아직 겨울 눈이 있으나,
산 밑에는 이미 꽃이 활짝 피어나고 있네.

페스트(Pest), 1845년 6월 25일~7월 10일 사이.

『혼데뤼』[*]에게

—— A HONDERÜHÖZ

오 혼데뤼여, 너는 라자로 가운데 라자로,
네 이름에는 두 개의 철자[**]만이 있어,
네 이름에는 오로지 끝의 두 철자만이 있어…
그만하게나, 더 이상 비난하지 말게나.
이 두 철자 앞에서부터, 뒤에서부터 읽어도
네 본질이 무엇인지 똑같이 말하지[***].
그러나 나는 그대를 존경하네! 한때는
내 작품에 많은 원고료를 지불했었으니.

오 혼데뤼, 어찌 그리 뻔뻔한가,
케츠케미트 시장의 파리처럼.
게다가 그 파리보다도 더 저열해.
파리는 날지만, 그대는 미끄러지고 — 기어가네.
허나 모두가 다리 밑을 쳐다보는 건 아니니, 앞으로

* 1843~48년에 발행된 문학, 예술, 패션 잡지. 사장이자 소유주는 페트리헤비츠 호르바트 라자르(Petrichevich Horváth Lázár), 편집자는 나더스커이 러요시(Nádaskay Lajos). 발행 초기 페퇴피는 이 잡지에 〈얼푈드(Az Alföld)〉를 발표할 정도로 원만한 관계였으나 44년 시인이 경쟁 잡지인 『페스트의 패션지(A Pesti Divatlap)』의 편집자가 되고부터 페퇴피를 거부하고 비하하는 태도를 드러내면서 갈등관계가 되었다. 혼데뤼 편집자와 사장이 단체로 시인을 폄하하고 헐뜯는 태도가 거침이 없어 독자들의 빈축을 사게 되었다. Ferenczi Zoltán, "Petőfi és a Honderű 1844 1845-ben", Petőfi Múzeum, Kolozsvár, 1888. 3권 1호, 169-170.

** 혼데뤼(Honderű)는 hon(조국, 고향, 집) + derű(맑음, 청명, 마음의 밝음, 밝은 웃음)가 합쳐진 복합명사이다. 즉 이 잡지의 제목에서 헝가리를 밝게 만드는 역할을 하겠다는 의미가 드러난다. 하지만 시인은 자기를 헐뜯는 비평을 게재하는 것이 잡지의 목표와 다르다는 점을 지적하고 있다.

*** 앞에서 읽으면 rűh(h는 묵음)로 피부병인 '옴'을 의미, 거꾸로 읽으면 '진공, 빈 공간'이라는 뜻의 űr. 즉 이 잡지가 옴처럼 사람들에게 나쁜 정보를 퍼트리거나 내용이 텅 빈, 쓸모없는 정보를 담고 있다는 조롱.

발에 차이게 될 걸세*… 조심하게, 너에게 말하지!
나는 네가 잘되기를 바래! 한때는
내 작품에 많은 원고료를 지불했었으니.

오 혼데뤼, 너의 뛰어난 여러 특성을 위해
이제 어떤 보답이 올까?
예전과 같은 그런 세상은, 이제 없어.
공로를 기리는 데 미치지 못하네.
보게, 많은 사람들이 너를 지겨워해,
네가 순수하지 않고, 되려 거꾸러뜨린다면.
가여워! 유감스러워… 한때는
내 작품에 많은 원고료를 지불했었으니.

허나, 혼데뤼, 네가 나를 불질렀고,
끊임없이 모욕하니…
언제부터 초라한 원숭이가 영웅적인 사자를
자극하기 시작했을까? …
… 그래도 너그럽게 용서할게, 지금 네가
나의 뮤즈를 가차없이 비난하고 있지만.
왜냐 네가 많은 원고료를 지불했었고, 지금도
(내가 시를 주면) 많은 원고료를 지불할 것이니.

페스트(Pest), 1845년 8월 초.

* 행인들이 못 보고 밟아 으스러지게 될 것이다. 즉 독자들의 관심을 못 받게 될 것이라는 의미.

고백할게…

—— MEGVALLOM, HOGY…

고백할게, 학창 시절
나는 지독하게, 게으른 학생이었어.
나를 가르쳐, 착한 소녀,
너한테 정말 배우고 싶어.

귀찮겠지만 너한테 배워야만 해,
지금 내가 알고 싶은 것.
그것은 학교에서도 배우지 못하고,
선생님들도 알지 못하는 것,

자, 소녀여, 나에게 가르쳐 줄래?
많은 지식이 필요해?
정말 배우고 싶어,
'행복'이 대체 무엇인지?

고생이 심하진 않을 거야,
걱정하지 마, 잠깐만 기다려 줘…
말할 필요도 없어… 무엇 때문에? … 네 눈길 한 번이면
모든 것이 너무 아름답게 밝아지는데.

썰크센트마르톤(Szalkszentmárton), 1845년 8월 20일~9월 8일 사이.

결코 사랑해 본 적 없는 사람

—— SOHASEM VOLT AZ SZERELMES…

사랑은 종살이라고 말하는 사람은
결코 사랑해 본 적 없는 사람.
사랑은 날개를 달아주고 족쇄를 채우지 않네,
날개를 주네… 내게 그것을 주었네.

새에게 그런 날개 없다네,
사랑이 자라게 하는 그런 날개.
그 날개 작은 움직임으로 지구를 한 바퀴
돌아 나는 것은 아주 간단하네.

나는 천사의 정원으로 날아드네,
하늘 높이, 눈 깜작할 사이에,
그리고 그곳에서 이 정원의 붉은 장미로
화관을 엮네, 별들을 엮네.

언젠가 이 하늘의 빛이 사라지고, 언젠가
지하 세계의 밤이 뒤덮으면…
나는 날아올라, 한순간에 보겠지
하느님과 하늘나라, 지옥과 악마를.

이곳에는 건너는 공간도 시간도 없어,
날개가 갑자기 펴져 날기 시작하면,
나는 세상 창조에서부터
마지막 심판까지 날으리.

이렇게 내가 천국과 지옥에 들어간다면,
지옥에는 고통이 있고
천국에는 구원이 있음을,

한순간에 이 모두를 완전히 느끼겠지.

썰크센트마르톤(Szalszentmárton), 1845년 8월 20일~9월 8일 사이.

화환

—— A BOKRÉTÁT, MELYET…

네[*]가 내게 준 화환,
세 줄로 매어 있었네.
우리 나라를 사랑하기에,
소녀야, 우리 색[**]을 좋아하는구나.

나도 세 가지 색을 돌려줄게,
초록색에서 내 희망을,
흰색에서 창백한 내 얼굴을,
빨간색에서 피 흘리는 내 심장을 받아 줘.

썰크센트마르톤(Szalkszentmárton), 1845년 8월 20일~9월 8일 사이.

* 1845년 8월에 알게 된 메드난쓰키 베르터(Mednyánszky Berta). 귀족 집안의 딸로 페퇴피와 두세 번 만나면서 서로 호감을 느끼게 되어 여자의 부친에게 편지를 보내 결혼 허락을 구했다. 부친은 딸이 더 이상 페퇴피를 만나지 못하도록 조치하고 거절의 답을 보낸다. 1845년 출판된 시집 『사랑의 진주(Szerelem gyöngyei)』에서 그녀에 대해 느꼈던 감정을 노래하고 있다.

** 헝가리 국기에 사용하는 초록, 하양, 빨강의 세 가지 색.

나 나무 되리…

— FA LESZEK, HA…

만일 그대가 나무에 핀
꽃이라면, 나 나무 되리.
그대가 이슬이라면, 나는 꽃이 되리.
그대가 햇살이라면, 나는 이슬 되리
오직 우리의 존재가 하나 되기 위하여

소녀여, 만일 그대가 하늘이라면
나는 별이 되리라.
소녀여, 만일 그대가 지옥이라면(우리의
존재가 하나 되기 위하여)
나 저주를 받으리라.

썰크센트마르톤(Szalkszentmárton), 1845년 8월 20일~9월 8일 사이.

희망

—— REMÉNY

대체 희망이 무엇이냐? …찾아오는
모든 이를 끌어안는, 끔찍한 매춘부.
가지고 있는 제일 소중한 보물인, 청춘이
지나가면, 그때에 떠나가지, 떠나가!

페스트(Pest), 1845년 10월 16일~11월 25일 사이.

조국에 대하여

—— A HAZÁRÓL

해가 졌네. 하지만 별이
뜨지 않아. 하늘은 어둡네
가까이도 멀리도 온통 암흑,
오로지 타는 것은 호롱불과 나의 조국애.

아름답게 반짝이는 조국애는,
신비하게 반짝이네.
가여운 내 조국, 너 가여운 내 조국,
너에게 반짝이는 별이 부족하구나.

내 호롱 불꽃 어떻게 타나!
무엇 때문에 흔들리지? 무엇이 흔들리게 만들지?
한밤중에, 여기 내 호롱 주위에,
우리 민족의 조상들이 어른거린다!

대낮처럼 하나하나 밝게
빛나는 혼들,
빛나네, 영광의
빛나는 옷을 입고.

오 헝가리인, 너의 선조를 쳐다보지 마,
지금 여기 어둠 속에 있으니,
조상을 보지 마, 이 태양을
약한 네 눈을… 햇살이 멀게 만들 거야.

내 조국의 영광스럽고 위대한 조상은,
땅을 진동시키는 폭풍!
먼지가 되어 주저앉은 유럽의

땅을 한때 발로 쾅쾅 밟아 버렸지.

오 위대했던 헝가리의 과거,
거대했던 그 권위, 그 영토.
헝가리의 바다 속으로 졌네
북쪽, 동쪽 또 남쪽* 유성이.

허나 오래전, 헝가리의
머리 위에 월계수가 자라던 시절.
상상의 날개 다친 독수리,
그곳에 도착하자, 지쳐버렸네.

이미 헝가리인의 이마 위
월계수가 시든 지 오래전,
내 조국, 위대했던 것이 너무 오래전,
그래서 위대하다는 말이 옛날 이야기처럼 들리네.

이미 울음을 그친 지 오래전, 그런데 봐 지금
내 속눈썹 위에 눈물이 맺혔어.
헝가리 민족이여, 이건 동트는 아침의 이슬인가
아니면 해 질 때 떨어지는 석양의 이슬인가?

무엇이, 헝가리의 영광인가?
반짝이다가, 공중에서
아래로 추락해, 영원히
땅이 삼켜버리는 별똥별?

오 헝가리의 영광!

* 헝가리의 영토가 가장 광활했던 너지 러요시(Nagy Lajos)왕 통치기를 지칭한다. 이때 헝가리는 발칸의 총독 제도를 통하여 흑해까지 관장했으나, 시에서 묘사한 북쪽이나 남쪽에 있는 바다, 즉 북해나 아드리아해는 점령한 적이 없다.

이미 왔다가 멀어졌지만,
몇백 년 후 민족들이 그 영광의
빛을 다시 보고 떠는 전조*이겠지?

페스트(Pest), 1845년 10월 16일~11월 25일 사이.

* 원문에는 üstök. 앞머리채라는 의미. 숙어로 Üstökön v. üstökén fogni, húzni valakit '누구의 앞머리채를 잡다'라고 하면 '무엇을 강요하고 괴롭힌다'는 의미이며 'A szerencsét üstökön kell fogni - (el kell ragadni). (운명의) 앞머리 채를 잡아야 한다'는 '기회가 왔을 때 잡아야 한다'는 의미로 사용된다. 여기서는 과거의 영광이 미래의 영광을 암시한다는 의미를 담아 전조(前兆)로 해석하였다.

미친 사람(광인)

—— AZ ŐRÜLT

— 너희 왜 화를 내?
여기서 나가!
나는 대업을 수행해. 서둘러야 해.
채찍을 만들어, 햇살을 꼬아 불꽃 채찍을 만들어.
이 세상을 채찍질하려고!
앞으로 사람들이 통곡하면 나는 웃을 거야,
내가 통곡할 때, 사람들이 웃던 것과 똑같이.
하하하!
왜냐 이게 바로 인생이기 때문. 우리는 통곡하고 웃잖아.
하지만 죽음이 이렇게 말하지, '쉿!'
벌써 나도 언젠가 죽었어.
내 포도주를 마신 자들이
내 물에 독을 넣었지.
나를 죽인 살인자들이 불법을
감추려고 무슨 짓을 했었나?
쭉 뻗어 누워 있을 때,
내 위로 쓰러져 눈물을 흘리더군.
벌떡 일어나 그들의
코를 물어뜯고 싶었지.
그래도 물어 뜯지는 않았어! 코가 있으니
내가 썩는 냄새를 맡고
숨이 막힐 거라 생각했지.
하하하!
나를 어디 묻었지? 아프리카에 묻었어.
그건 다행이었지,
하이에나 한 마리가 무덤에서 나를 파냈으니.
이 짐승이 내게 선행을 베푼 유일한 생물.
그러나 나는 내 뼈를 먹고 싶어 하는

이 짐승을 속이고.
내 심장을 주었지,
하이에나에게 먹혀 죽어가면서, 어찌나 괴로웠던지.
하하하!
허나 소용 없어, 이렇게 다니고 있지,
사람과 잘 지내기 위해서. 사람이 무엇일까?
꽃의 뿌리가 위로 올라가
공중에서 개화한다 말하네.
허나 그건 사실이 아니야,
꽃은 그 사람, 그 사람의 뿌리는
저 아래 지옥 속에 있어.
한 현자가 이렇게 나를 가르쳤지,
그는 완전히 미쳤고, 그래서 굶어 죽은 사람인데.
왜 훔치지 않아? 왜 강도 짓을 안 해?
하하하!
그러나 왜 내가 그 미친 사람처럼 웃는 거지?
울어야 마땅한데.
세상이 이처럼 사악하니 통곡해야 하는데.
신도 눈이 흐려지며
자신이 창조한 것을 한탄해.
하지만 하늘의 눈물이 무슨 소용?
땅에 떨어지고 마니, 교활한 땅 위로,
그럼 사람들이 발로 짓밟아 버려,
대체 하늘의 눈물이
무슨 쓸모가 있나?… 진흙이 될 뿐.
하하하!
오, 하늘이여, 오, 하늘, 그대 늙어 제대한 군인,
햇살이 그대 가슴 위에 달린 훈장,
구름이 그대의 옷, 그대의 누더기 옷.
흠, 이렇게 늙은 군인을 내보냈다니,
긴긴 복무의 보상이
훈상 하나와 누더기 옷이라니.
하하하!

너희는 알고 있니, 메추라기* 우는 소리
인간의 언어로 무엇을 하게 만드는지?
그 여인을 피하도록, 만들어주지!
그 여인 남자들을 자기에게 끌어당겨,
바다가 강물을 당기듯 끌어당기지.
왜? 삼켜버리려고,
여자라는 동물은 아름다운 동물,
아름답고 위험해.
황금 잔에 든 독주.
오 사랑, 너를 마시네!
네게서 솟은 한 방울이
꿀로 변한 바닷물보다 더 달콤해.
그러나 네게서 솟은 한 방울
독으로 변한 바닷물보다 더 살인적.
폭우가 퍼붓고
그 속으로 죽음의 씨를 뿌리는
바다를 벌써 봤니?
이 폭우,
이 구릿빛 농부가,
손에 쥔 번개를 내리치는 삼지창을 봤니?
하하하!
과일이 익으면, 나무에서 떨어져.
너는 잘 익은 과일, 땅으로, 떨어져야만 해.
그래도 나는 내일까지 기다릴게.
만일 내일도 마지막 결정이 내려지지 않으면,
땅 중앙에 구덩이를 파고,
화약을 가지고 내려가서
이 세계를
공중으로 날려버리겠어… 하하하!

썰크센트마르톤(Szalkszentmárton), 1846년 1월.

* 원어는 fürj. 유럽에 서식하는 꿩과의 새인데 시각적으로는 우리가 아는 메추라기와 비슷하기 때문에 메추라기로 번역하였다.

정의여! 잠자느냐?

—— IGAZSÁG! ALSZOL?

정의여! 잠자느냐? 아니면 죽어 버렸느냐?
이 남자는 마땅히, 목에
금 목걸이를 걸어야 한다, 그런데
교수대에… 매달렸구나, 매달렸어.
이 남자의 목에 금 목걸이 있는데, 그런데
교수대에 매달려야만 했다니.
정의여! 잠자느냐? 아니면 죽었느냐?

———

썰크센트마르톤(Szalkszentmárton), 1846년 3월 10일 이전.

꿈…

—— AZ ÁLOM…

꿈은
생물에게 가장 아름다운 축복.
피어나네 우리 소망의 세계가,
깨어 있는 세상에서 찾을 수 없는 것들.
꿈에서는 거렁뱅이도
추위에 떨거나 굶주리지 않네.
자주색 옷을 입고,
멋진 방에 깔린 부드러운 양탄자 위를 걷네.
꿈에서 임금은
처벌하거나, 자비를 베풀거나, 판단하지 않네…
편안함을 즐기네.
꿈에서 젊은이는 사랑하는 이에게 가네,
사랑해서는 안 되는 사람이라 가슴 저미던,
그 사람의 뜨거운 품에서 녹아 버리네.
꿈에서 나는
종살이하는 민족*의 족쇄를 깨부수어 버리네!

———

썰크센트마르톤(Szalkszentmárton), 1846년 3월 10일 이전.

* 합스부르크의 지배를 받는 헝가리 민족을 종살이 하는 민족으로 표현. 이후 초기의 민요시와는 달리 현실세계, 민족의 자유를 염원하는 주제를 담은 시가 점점 더 많이 창작된다.

여름 하늘가 구름처럼…

—— MINT FELHŐK A NYÁRI ÉGEN…

여름 하늘가 구름처럼,
내 마음 환하다가
곧 어두워지며 이리저리 왔다 갔다하네.
그대로 머물거나, 쉬지 않네.
대체 이 마음 어디서 와서 어디로 가는가?
나는 모르네, 짐작도 할 수 없네.
마음을 데려왔다 데려가는 것은
영원한 바람인, 시간이지.

사랑의 구름으로부터
내게로 벼락 떨어지네.
우정의 구름으로부터
소나기가 퍼붓네.
소나기와 번개가 지나자
하늘이 조용하게 맑아졌네,
허나 다음 순간 바람과 함께
새로운 구름이 나타나네.

구름이, 새하얗다 해도,
그림자를 드리우네.
앞으로 내 구름이 깜짝 놀라는,
그런 순간을 내가 찾아낸다면!
작열하는 햇살이 장밋빛으로
바람 위로 날으니.
내 위로 엄청난 햇살이
마법의 성처럼, 자리하리!

오 그런 시간이 다가오리,

앞으로 내 사랑과
내 우정의 구름들이
장밋빛으로 나타나리라.
그렇지 않으면 그때 벌써
목사님이 묘지로 출발하리라,
구름이 타버린다면,
해도 떨어질 것이니.

썰크센트마르톤(Szalkszentmárton), 1846년 4월 10일~24일.

운명아 내게 장(場)을 열어다오…

—— SORS, NYISS NEKEM TÉRT…

운명아, 내게 장(場)을 열어다오, 내가
인류를 위하여 무언가를 할 수 있도록!
나를 뜨겁게 하는, 이 귀한 불길
헛되이 재가 되지 않도록.

내 가슴에 불이 있으니, 하늘에서 발원한 불길,
한 방울 한 방울의 피를 끓게 만드네.
심장이 뛸 때마다 기도하네
세상의 행복을 위하여.

오 그저 빈말이 아니면 좋겠어,
행동으로 이렇게 말할 수 있을 거야!
어떤 행동을 하더라도 상으로 받는 것은
새로운 골고다 언덕 위 새로운 십자가!

인류의 이익을 위해 죽는 것!
얼마나 복되고, 얼마나 멋진 죽음!
쓸모 없는 인생이 취한 어느 쾌락보다
얼마다 더 멋지고 복된가.

말하라, 운명이여, 오 말해, 이렇게 내가 죽을지,
이렇게 성스럽게! … 그렇다면 내 손으로
내가 매달릴 십자가를,
내가 직접 준비해야지.

페스트(Pest), 1846년 4월 24일~30일.

덤불이 떨리네, 왜냐하면…

—— RESZKET A BOKOR, MERT…

덤불이 떨리네, 왜냐하면
작은 새가 그 위에 앉았으니.
내 마음이 떨리네, 왜냐하면
네 생각 났으니,
네 생각 났으니,
작고 작은 아가씨,
그대 드넓은 세상에
가장 큰 다이아몬드!

두너 강물이 가득 찼네,
아마 이미 넘쳤을 거라네.
내 마음에서도
그런 충동이 일어나네.
내 사랑, (나를) 사랑하니?
나는 너를 사랑해,
네 부모님도 나보다
너를 더 사랑하지 못할 정도로.

우리가 함께했었을 때,
네가 나를 사랑했음을, 알고 있었어.
그때는 따스한 여름이었는데,
벌써 겨울이네, 추운 겨운.
만일 네가 이제 나를 사랑하지 않는다면,
하느님께서 축복해 주시기를,
그러나 혹시 아직도 사랑하고 있다면, 부디
수천 배 더 축복해 주시기를!

페스트(Pest), 1846년 11월 20일 이후.

헝가리 민족

—— A MAGYAR NEMZET

너희들 신이 창조한 세상
곳곳으로 다녀도,
분명 발견하지 못하리
헝가리 민족의 짝을.
과연 그 민족을 어떻게 해야 하나,
욕을 할까 아니면 때려줄까?
만약 대지의 신이 쓴 모자에,
그 위에 우리 조국이 장식으로 달려 있다면!
눈과 영혼을 움직이게 하는,
너무 아름답고, 몹시도 생동하는 나라.
지극히 풍요로운 나라! … 금빛 노란
밀 이삭이 바다처럼
너른 평원에 출렁이는 나라
산 속에는 수많은 광산!
광산 광산에 엄청난 보물이,
네가 꿈에도 볼 수 없을 만큼 많은데.
이런 축복에도 불구하고
그럼에도 이 민족은 고아,
그럼에도 헐벗고, 그럼에도 굶주려
멸망 가까이 서 있다네.
하지만 그 민족의 정신에는
수많은 진주와 다이아몬드가 숨어 있네!
이 모든 것이 거기 아래에 남아 있는데,
만일 우연이 온전하게
이 보물을 발견해 위로 가져오면,
먼지와 진흙 속에서 파괴되거나,
빈곤의 천둥 번개가
그들을 멀리 흩어 버리겠지,

우리에게서 먼 세상으로,
낯선 민족의 보물창고 속으로,
그곳에서 빛나는 보물을 보게 되면,
우린 입과 눈을 벌리고 바라보겠지.
그리고 거짓된 영광으로 잘 살겠지,
우리 조국에서 여기로 온 것이 이것이라며,
그러니까 이것은 우리의 고귀한 자부심,
그에 대해 얼마나 많이 이야기하나?
너무 자랑을 하다 마침내,
그것이 우리의 부끄럼이 되어 버렸네!
헝가리의 자부심만을,
단지 그것만을 언급하지 말라!
천 년 동안, 이 민족은
이곳에서 자신의 조국을 가꾸었는데,
이제 그가 멸망한다면,
앞으로 무엇이 남으리,
무슨 말을 그에게 하리,
이곳에 언젠가 헝가리 민족이 살았다고?
또한 세계사 책은?
그곳에 표시조차 하지 않으리,
우리에 관해 이렇게 기록하겠지,
"티서 지방에 한 민족이 살았다.
게으르고, 겁에 질려, 몇백 년을 살았다."
오 내 조국, 언제 다시
녹슨 네 이름 위로
한 줄기 광채가, 작은 빛이 비추일까?
언제야 자의식이 깨어날까?

뻬스트(Pest), 1846년 12월.

한 생각이 나를 괴롭히네…

—— EGY GONDOLAT BÁNT ENGEMET…

한 생각이 나를 괴롭히네.
침대에서, 베개 베고 죽으리라는 생각!
숨어 있던 벌레가 이로 갉아
서서히 시드는, 꽃처럼.
빈 방에 버려진 채,
천천히 사그라지는 촛불처럼.
신이여, 이런 죽음을 맞지 않게 하소서,
제게 이런 죽음을 주지 마소서!
제가 나무 되게 하소서, 그 위로 벼락을 치거나,
강풍이 줄기를 비틀어 부러지게 하소서.
우뚝 솟은 바위 되게 하소서, 산에서 계곡으로
온 천지를 진동하는 천둥소리가 덮치게 하소서… —
만일 언젠가 모든 노예살이 하는 민족들이
그들의 멍에에 진저리 치며 평원으로 걸어 나와
붉게 상기된 얼굴로 붉은 깃발을 들고
깃발 위에 쓰여진 성스러운 표어
"세계 자유!"
이 말을 큰 소리로 외치면,
해 뜨는 동쪽에서 해 지는 서쪽까지 외치면,
폭군이 그들과 마주치면,
그곳에서 제가 스러지게 하소서,
전쟁터에서,
그곳에서 제 심장이 젊은 피 흘리게 하소서,
만일 제 입술이 기쁨에 가득 찬 마지막 말을 한다면,
무기 부딪치는 소리가 그 말을 삼키게 하소서,
트럼펫 소리, 대포 소리가,
그리고 제 시체를 밟고
말이 달려가

승리를 쟁취하기 위해 돌진하게 하소서,
그곳에서 내가 짓밟히게 —
그곳에서 내 뼈들이 흩어지게 하소서,
만일 거대한 장례식 날이 온다면,
축제처럼, 느린 애가 음악과 함께
조기를 들고
영웅들을 한 무덤에 묻게 하소서,
성스러운 세계자유! 그대를 위해 죽은 영웅들을.

페스트(Pest), 1846년 12월.

자유여, 사랑이여!

—— SZABADSÁG, SZERELEM!

자유여, 사랑이여!
내게 꼭 필요한 두 가지.
사랑을 위해서라면
내 생명을 바치겠노라,
자유를 위해서라면
그 사랑조차 바치겠노라.

페스트(Pest), 1847년 1월 1일.

슬픈 밤

—— SZOMORÚ ÉJ

자정이 되어도, 그래도 잠을 잘 수가 없네,
나와 내 조국에 무슨 일이 일어날까?
걱정을 가라앉힐 수가 없네.
두 가지 의문에 마음이 갈라지네.
자기 문제도 해결하지 못하는데
애국심마저, 나를 괴롭히네.

영원히 위험한 바다에서 노를 젓는 것,
이것이 시인의 운명일까?
성난 바다의 물거품에서 그를 구명 보드로
해변에 데려다 놓아도 무슨 소용 있을까?
아직 배에 남아 있는 사람들이
어떻게 될 것인지 그를 괴롭히는데.

아버지, 우리 아버지, 왜 제게 공부를 시키셨어요?
왜 제가 쟁기 들고 일하게 놔두지 않으셨어요?
책은 아름답지만, 그곳에는 속이는 요정이 살아
그걸 펼치면, 가슴을 사로잡아,
가장 빛나는 별로 데려가요,
그렇지만 단맛을 높은 곳에서…… 아래로 가져오지 않아요.

그러니 책보다 차라리 해를 보게.
햇빛은 네 눈의 빛을 빼앗지만,
책은 이렇지 않아. 책에는
네 눈을 더 강하게 만드는 것이 있어,
모든 것을 가까이 가져오고…… 모든 것을 조금 더 멋지게
보이게 하지, 멀리서 본다고 해도.

나는 왜 공부했을까? 왜 하늘 밭을 가는
농부로 남아 있지 않았을까?
그랬더라면 밤새 잠 못 이루고
동트는 새벽을 괴로워하지 않았겠지,
내 영혼 위에서 잠이 행복한 노래를 하고
새들이 춤추듯 부드럽게 나를 흔들어 주었겠지.

나 농부가 되리! 아니면 양치기가 되리!
저 멀리, 황무지 밖에서 홀로 밭을 일구고,
양 떼들이 방울 소리 내며 풀 뜯는 동안,
서늘한 덤불 아래 몸을 누이고,
아무 듣는 이 없어도, 제 흥에 겨워
작은 피리를 불리라.

일요일이면 씻으러 집에 가겠지,
사랑하는 소녀가 기다리는 곳,
착하고, 생기 있고, 일을 좋아하는,
피어나는 봄처럼, 아름다운 소녀가 있어.
입맞춤을 주고 받으며, 양치기 행복하겠지.
그리고 세상도 그러하리라 믿을 거야.

페스트(Pest), 1847년 1월.

궁전과 오두막

—— PALOTA ÉS KUNYHÓ

궁전, 너 왜 그리 오만하니?
네 주인의 영광 안에 교만 떠니?…
네 주인이 다이아몬드를 걸치는 건,
마음이 헐벗었다는 걸 가리기 위해서야.
종이 주인에게 걸어놓은,
장식을 네가 끊어버려.
너는 신이 하는 일을 모르고,
그곳에 엄청난 고난이 미끈나는 것도 몰라.

무에서 절대자로 만들어 준,
그 보물을 주인이 어디 두었지?
거기 두었어, 매가 작은 새들을
찢고, 그 피를 먹으며 살이 찐 곳에.
매가 즐거이 먹고 마시는 동안,
바로 옆 덤불의 새 둥지에서는
어린 새들이, 여전히 나타나지 않는,
어미 새를 기다리며 슬피 울지.

과시해, 거만한 궁전,
훔친 보물의 광채를 과시해,
그저 반짝여, 그 반짝임 오래가지 못해,
네 날 수가 이미 정해져 있거든.
나는 바라지, 될 수 있으면 어서
네 폐허를 보기 바래,
네 궁전에 살던 나약한 주민들의 뼈가
폐허 아래서 우두둑 소리와 함께 부서지기를!

궁전 옆 조그만 오두막아,

너 왜 움츠리고 있니?
왜 무성한 나무 뒤로 숨었어,
궁핍을 숨기려고?
작고 어두운 방아, 들어가게 해 주렴,
내게 아름다운 옷은 필요치 않아,
하지만 아름다운 마음… 빛나는 마음을
그 어두운 방에서 찾아야만 해.

내가 들어선 문지방 거룩하구나,
오 초가집의 문지방 거룩하구나!
이곳에서 많은 이들이 태어났고, 하늘이
구세주를 이 곳으로 보냈기 때문.
세상을 위해 자신을 성별(聖別)한 사람,
모두 초가집 출신이었지만,
그래도 민중은 사방에서 오직
경멸과 곤궁 만을 보고 있구나.

두려워 마라, 착하고 가난한 사람들아,
너희에게 더 행복한 시간이 온다.
과거와 현재는 너희의 시간이 아니었지만,
영원한 미래는 너희 것이다.
나는 좁지만, 성스러운 지붕 아래
방바닥에 무릎을 꿇는다,
나를 축복하여라, 그러면 내가
너희들을 축복해 주겠다!

페스트(Pest), 1847년 1월.

개의 노래

── A KUTYÁK DALA

천둥번개가 몰아친다.
흐린 하늘 아래
겨울이 몰고 오는
비와 눈이 퍼붓는다.

무엇을 걱정하는가?
우리 자리는 부엌 귀퉁이,
자비하시고 훌륭한 주인님이
여기 자리 잡게 하셨다.

먹을 것 걱정 전혀 없다,
주인이 배불리 먹고
식탁에 남은 것이 있으면
그건 우리 몫.

채찍이 가끔 우릴
내려치는 건, 사실,
맞으면 아프지,
하지만 상처는 곧 나을 거야.

주인님 화가 풀리면
다시 자기에게 오라고 손짓하지,
그럼 우리는 행복하게
자비로운 주인의 다리를 핥아.

페스트(Pest), 1847년 1월.

늑대의 노래

—— A FARKASOK DALA

천둥번개가 몰아친다
흐린 하늘 아래,
겨울이 몰고 오는
비와 눈이 퍼붓는다.

외로운 황무지
그 안에 우리가 산다,
덤불 하나 없는 그곳, 우리는,
앞으로 나가다 뒤로 온다.

이곳 밖에는 추위,
저기 안에는 굶주림,
우리를 쫓는 이 두 가지가
잔인하게 괴롭힌다.

게다가 세 번째 추격자는
장전된 무기.
하얀 눈 위로
우리 피가 붉게 떨어진다.

춥고 배고프고
옆구리에 총상을 입어,
모든 고난을 가진 우리지만…
그렇지만 우리는 자유롭다!

페스트(Pest), 1847년 1월.

19세기의 시인들

— A XIX. SZÁZADI KÖLTŐI

누구도 함부로 현악기의
현을 튕기지 마라!
지금 현악기를 손에 드는 자,
스스로 위대한 과업을 맡는 것이다.
자신의 고통과 기쁨을 노래하는 것 말고
다른 것을 할 줄 모른다면,
세상은 너를 필요치 않으리.
그러니 성스러운 나무를 옆으로 치워라.

우리는 황무지에서 유랑한다,
모세의 백성들이 유랑했듯.
그들은 신이 길잡이로 보내신
불기둥을 따라갔다.
현대의 신은 시인에게
이런 불기둥이 되라 명령하여,
시인이 가나안으로
백성을 이끌어 가게 하신다.

시인이여, 그러니 모두 앞으로 나와,
백성들을 데리고 불과 물을 건너라!
손에서 민족의 깃발을 내던지는 자,
저주를 받으리라.
겁이 나서, 주춤거리며
뒤처지는 자, 저주받으리라.
백성이 싸우고, 애쓰고, 땀 흘리는 동안
그늘 아래 쉬는 자 역시 저주 받으리라.

거짓 예언자도 있으니,

그들은 아주 사악하게 선포하리라,
이곳이 약속의 땅이니
이제 멈추어도 된다고.
거짓말, 뻔뻔한 거짓말.
백만이 그 거짓에 반박한다,
뜨거운 태양 아래 굶고 주려,
회의에 빠진 채 신음하는 백만이.

만일 언젠가 모든 사람이
자비의 바구니에서 똑같이 받게 된다면,
언젠가 모두가
선의 식탁에 똑같이 앉는다면,
언젠가 영혼의 햇살이
모든 집 창문을 똑같이 비춘다면,
그때에는 말할 수 있으리, 이곳이
가나안이니 멈추라고!

허나 그때까지는? 그때까지는 쉴 수 없네.
그때까지는 계속 싸워야 하네.
아마도 삶은 우리의 노력에
아무 보상도 하지 않겠지.
그러나 죽음은 언젠가 우리 눈을
부드럽고, 따스한 입맞춤으로 감겨 줄 거야,
꽃다발과 비단 베개에 눕혀
땅속 깊이 내려 줄 거야.

페스트(Pest), 1847년 1월.

티서강

—— A TISZA

여름의 태양이 저물어 갈 때
굽이지는 티서 강변에 멈추어 서리
그곳, 물줄기 가는 뚜르강이 합류하네,
아기가 엄마 품에 안기듯.

강은 아주 잔잔하게, 아주 부드럽게
강변도 없는 웅덩이 속으로 흘러드네,
태양 빛이 물기둠의 굽이 굽이에
걸려 넘어지기를 바라지 않았네.

붉은 빛이 부드러운 강에 반사되어,
(수많은 요정이) 춤을 추는 듯하네,
거의 들리지 않는 발자국 울림,
아주 작은 박차의 절그럭거림.

내가 서 있는 곳에, 노란 모래 — 양탄자
깔려 있고, 들판에는 베어낸
그루갈이 — 낫질한 흔적이
줄 맞춰, 정돈된 책과 같네.

초원 너머 침묵하는 위엄 속에
높이 솟은 숲, 그 안에 벌써 어스름,
황혼이 숲 꼭대기에 잔불을 드리우네,
마치 석양의 피가 끓고 흐르는 것처럼.

다른 쪽에, 티서강의 건너편에,
개암나무와 금작화 — 덤불들의 색새 위에,
그 가운데 단 하나의 틈, 그 틈 사이로

저 먼 작은 마을의 탑이 보이네.

행복한 시간 아름다운 기억의 모습 위에
장미 빛 구름들이 하늘 위로 떠 가네.
가장 멀리에서 떨며 나를 보는
안개 사이 마러모로시*의 봉우리들.

완전한 고요. 축일의 고요 안으로
가끔 새 한 마리의 지저귐만 들리네.
아스라히 먼 곳에서 방앗간의 덜컹 소리
모기의 윙윙 소리처럼, 희미하게 들리네.

건너편, 내 맞은편에,
물단지를 든, 농부 아내가 오네.
단지가 완전히 찰 때까지,
나를 살펴보다가, 서둘러 사라지네.

나는 그곳에 말없이, 가만히 서 있네,
내 발이 땅에 박힌 듯이.
내 영혼은 달콤하고, 깊은 도취 속에 어지럽네,
자연의 영원한 아름다움에 취해.

오 자연, 영광스러운 자연이여!
어떤 말로 너를 표현할 수 있으리?
너는 너무나 위대해! 그런데 너는
더 멋지게, 더 많이 말하기보다, 오히려 침묵하는구나 —

늦은 밤에 외딴 농장에 도착했네
싱싱한 과일로 차려진 저녁 식사에.

* 원문은 mármarosi. 루마니아와 우크라이나 국경 지방의 마러모로시(Maramoros) 산악 지역. 정상에 만년설이 쌓인 고산이라 먼 곳에서도 정상부의 흰 눈을 볼 수 있다.

동료들과 오래도록 이야기 나누었네.
우리 옆에 잔불이 타고 있었네.

많은 것 가운데 그들에게 말한 것은,
“너희들 가여운 티서강을, 왜 욕하니?
너희 큰 목소리로 욕을 너무 많이 했어,
이 땅의 가장 경건한 강인데.”

이틀 뒤에 졸다가 자다가 깨어났지
위급을 알리는 종소리가 쉬지 않고 들려서.
홍수다! 홍수 났다! 사람들이 소리쳤어,
그리고 밖을 보니, 사방이 물바다.

사슬을 끊어낸, 미치광이처럼,
티서강이 평원 위를 휩쓸며 달렸어,
쏴 소리 내며, 울부짖으며 둑을 뚫었지,
이 세상을 삼켜 버리길 원했지.

페스트(Pest), 1847년 2월.

전쟁이었다…

—— HÁBORÚ VOLT…

내 인생의 가장 멋진 생각은
언제나 전쟁이었다,
전쟁, 심장이 자유를 위해
피를 흘리는 곳!

이 세상에서 우리가 무기를 들고,
우리 피를 흘리면서
죽을 준비를 하기에 마땅한,
고귀한 한 가지.

이 성스러움은 자유!
다른 무언가를 위해
목숨을 바치는 모든 이는
미친 자들.

평화를, 이 세상에 평화를,
포학하게 가져오면 안 되네,
봉헌된 손에서 나온
평화가 바로 자유이니.

앞으로 세상에 이렇게
보편 타당한 평화가 깃들면,
그때에는 우리 바다 깊이
무기를 던져버리자.

하지만 이렇게 되기까지, 무기를,
죽기까지 무기를 지니자!
심판의 날까지

어쨌든 계속 싸우자!

———

페스트(Pest), 1847년 3월.

무너진 탑

—— A CSONKA TORONY

너른 초원 위로 오래된 탑이 서 있네…
지나간 몇백 년을 상상해 보네.

이전에 이 벽은 고고하게 보였으리,
용마루 위에 성스러운 상징을 지녔으니.

자유의 깃발이 성스러운 상징이었지,
세차게 불어오는 바람에 휘날리기만 하는.

붉은 날개를 손짓하듯이 흔들었네,
피 끓는 사람, 용감하게 그 앞에 오도록.

많은 젊은 전사들이 탑으로 모였네,
빛나는 전투복을 몸에 걸치고.

하나 그보다 더 반짝이던 것은 무기를 들 때
그들 눈에서 빛을 내는 영웅적인 용감함.

"우리 손에 검을 쥐었으니, 눈빛이 사라지거나
노예의 사슬이 부수어질 때까지 놓지 않으리라!"

크게 외치자, 바로 그때 밖에서도 큰 소리 났으니,
이 소리가 우레 소리처럼 메아리 쳤네.

그로부터 백 년이 무너지듯 흘러갔네,
더 이상 탑에 깃발이 휘날리지 않네.

자유의 깃발이 내려지고,

영광스런 용사들, 그대들도 잠들었구나,

노예살이에 떨어지기보다 차라리,
자유인으로 스러진 사람들.

탑은 아직 오독하니 홀로 남아 있지만,
곧 무너져 수북하게 쌓이겠지.

어리석은 폐허, 심술궂게, 황폐한 뼈대,
그 벽 사이의 땅에는 아무도 농사 짓지 않네.

오직 지나간 한 세기만이 그 안에 자리잡고 있네,
그 위에 덮은 수의는 길고, 슬픈 침묵.

씰론터(Szalonta), 1847년 7월 1일~10일.

숲에는 새가 있네…

—— AZ ERDŐNEK MADARA VAN…

숲에는 새가 있네,
정원에는 꽃이,
하늘에는 별이,
청년에게는 애인이 있네.

피어나라, 꽃이여, 노래하라, 새여,
빛나라, 별빛이여,
소녀는 피어나고, 노래하고, 빛나고…
숲, 정원, 하늘, 청년은 행복하네.

아 꽃잎이 시드네,
별이 지고, 새는 날아가네,
그러나 소녀는, 남아 있으니.
청년이 제일 행복하지.

페스트(Pest), 1847년 7월 14일~30일.

검과 사슬

—— KARD ÉS LÁNC

가장 아름다운 천사가 땅으로 내려왔네
하느님의 허락을 받고,
찾기 위해, 둘러보기 위해
가장 아름다운 아가씨를.
찾았네, 사랑하게 되었네,
이때부터 그녀를 바라보면서
땅은. 천국보다 더 아름다워졌네,
그 때문에 천사는 매일 밤마다
아름다운 아가씨에게 내려 — 내려갔네.
별에서 별로 걸음을 옮겨,
어느새 가장 낮은 별에
도착하면,
거기서 백조 위에 올라 탔네,
하얀 백조를 타면, 백조는
그를 아가씨 옆으로 데려갔고,
정원에서 기다리던 그녀는,
순결한 미소를 지으며 그를 맞아들였네.
정원에서 꽃봉오리가 피어났네
시들었던 꽃들이
새로이 살아난 듯.
천사와 소녀는 그곳에 앉아
동이 틀 때까지 이야기했네,
그들의 대화는 아름답고 거룩한
모든 것에 대해 이어졌네.
소녀는 시선을 아래로 하고
빛나는 천사의 말에 귀 기울였네,
그녀가 어쩌다 시선을 들어 올려보자,
그녀의 눈길에 매혹되어,

천사는 무릎을 꿇고
입맞춤 한 번 해달라 청했고,
아가씨도 거절하지 않았네.
이것이 어떠한 입맞춤인가! … 바로
천사의 입술이 아가씨의 입술에
닿자, 온 땅이
짜릿한 쾌락으로 진동했네,
그들과 한마음이었던 듯.
저 위 하늘에서 모든
별들이 제각각 종이 되어,
신비한 소리로 울렸네,
이제까지 들어본 적이 없는 노래에
수많은 꽃들이, 마치 요정들처럼
춤추기 시작했네.
그리고 달은 — 아마도 얼굴이 붉어진
아가씨가 달을 들여다보아서였는지 —
거의 붉어져서, 붉은 달빛으로
장미 빛깔이 되어 버렸던 그 밤.
천사의 입맞춤은 멋지게
잉태를 시켰네, 아가씨는
엄마가 되어, 아이를 낳았네,
땅과 하늘이 포옹한다면,
오직 그때 낳을 수 있는,
그런 영광의 아이를.
검을 낳았네 아가씨는, 검을,
이 검은…… 바로 자유.

*

가장 추악한 악마가 올라왔네
사탄의 허락을 받고,
땅 위로 왔네, 가장 못생긴
마녀를 찾기 위하여.

찾았네, 사랑하게 되었네.
이후로 그는 지옥보다
지상이 더 마음에 들었네,
그 때문에 매일 밤마다
마녀에게 올라 — 올라갔네.
불을 토해내는 산의 목구멍 속에서
밤마다 모였네.
개구리 머리, 뱀 꼬리,
화염 갈기, 용 다리를 가진,
거친 검은 말이
악마를 위로 데리고 왔네,
마녀와 박쥐들,
올빼미를 거느리고,
높이 솟은 빗자루 손잡이 위에
올라탄 채로 앞으로 왔네
불을 토해내는 산의 목구멍 속으로.
그곳에 앉아 이야기를 나누었네,
수탉이 울기까지,
그들의 대화는 야비하고
추악한 모든 것에 대해 이어졌네.
악마가 말했네, "추워지네,
안으로 와, 더 안쪽으로 들어와,
산의 바닥까지 내려와,
불의 원 고향으로…
하, 여기에서도 여전히 추워, 추워,
거의 이가 부딪힐 정도야…
이리와, 안아줘, 이리와, 입맞춤해 줘!"
그들은 포옹했고, 입을 맞추었네.
이게 어떤 입맞춤이었던가! … 그때
입술이 마주쳤을 때,
마녀와 악마의 입술이 마주치지,
온 땅이 와들와들 떨었네,
우레 소리가 나고, 으르렁거렸네,

위험이 구름을 삼킨 듯이,
그러자 산이 토해내기 시작했네,
하늘을 향해 토해냈네
불비를, 불 붙은 돌을,
세상은 불바다가 되었네,
별과 달만이
얼굴 위로 베일을 썼네,
촘촘한, 검은 베일을 썼네,
아무 것도 보지 못 하도록.
악마의 입맞춤은 잉태를 시켰네,
엄마가 된 마녀가 아이를 낳았네,
너무나 무서운 아이를, 오직
하늘과 지옥이 포옹할 때만,
그때에만 낳을 수 있는 아이를.
마녀는 그 아이를 사슬이라고 불렀네,
구역질 나는 새끼를, 사슬이라 불렀네,
그리고 이 사슬은… 노예 생활

*

천국과 지옥의
두 자녀는, 자유와
노예 생활, 검과 사슬,
이 둘은 죽기 살기로 싸우네,
오래도록 싸우네, 긴 전쟁
지친 채로, 쉬지 못하고…

써머뜨마르(Szamatmár), 1847년 7월 14일~27일.

병의 이웃은 죽음…

—— A BETEGSÉGGEL SZOMSZÉD A HALÁL…

병의 이웃은 죽음…
여전히 사랑스럽고, 아름다운 내 신부여, 낫거라!
네 입술 대신 묘비목에
입을 맞춘다면, 나는 어쩌나?

나를 여기 버리려고? 나를! 대체 왜?
그리 일찍 하늘로 날아가려고?
이 세상에 나와 함께 있는 것이, 나 없이
천국에 가는 것보다, 더 좋을 거야.

그녀를 데려가지 마오, 오 운명아, 내 사랑을…
벌써 한 소녀를 떠나보내는 슬픔을 노래했는데…
두 사람의 관 사이에 나를
밀어 넣으려, 하지 마라, 하지 마!

운명아, 허락해 다오, 그녀를 내게 남겨 줘!
그녀는 굴곡진 삶에 주어진 상금,
저주를 받아 마땅한 삶이었지만,
아무런 보상도 받지 못했던 인생에 주어진 상금.

그녀는 나의 천국, 지상의 기쁨,
지상의 꽃, 하늘의 별,
그녀는 나에게는 모든 것… 나는
그녀를 떠나보낸 수 없이.

아니 그녀를 데려가라, 잔인한 운명의 힘아,
데려가, 만약 그렇게 하기로 결정했다면…
단검이 내 심장 문을 열리라,

그리고 내 영혼 그녀 뒤를 따라 날아가리.

써트마르(Szatmár), 1847년 7월 4일~27일.

8월 5일에*

—— AUGUSZT 5-DIKÉN

여기 반지, 여기 반지,
드디어 내 손가락에 반지를 끼었네!
여기 입술, 여기 입술,
드디어 내 입술 위에 포개지네!

오 달콤해라, 오 달콤해라
붉은 입술 위 입맞춤!
둥근 세상에 모든 달콤함이
아마도 여기 있으리.

입맞춤해 줘, 해 줘! … 아무도 안 봐…
네 입술로, 네 입술로 내 입술에!
볼 테면 보라지! 약혼자끼리
입맞춤하는 건 괜찮아.

네 입술을 줘, 네 얼굴을,
네 이마를, 네 눈을,
내 입맞춤으로 덮어 줄게,
여명이 하늘을 덮듯이.

어지러워… 네 팔로 안아줘,
부드러운 네 팔로, 예쁜 아가씨!

* 이 시는 페퇴피가 센드레이 율리아(Szendrey Julia)와 약혼한 날에 느낀 흥분과 감동을 노래하고 있다. 약혼 한 달 뒤, 1847년 9월 4일 두 사람은 결혼하다. 앞에서 소개한 〈넘불이 떨리네〉는 시인이 율리아의 사랑을 확인하기 위해 보냈던 시이며, 이 시에 대해 긍정의 답을 받고 1년간 교제한 뒤 결혼을 하게 된다.

이건 입맞춤인 건가 아니면 포도주? 이제 나는
정말 모르겠어.

이건 포도주야, 포도주! 이런 술은
올림피아의 신들이 마셨지,
그리고 나는, 인간이라, 견디지 못해,
내 이성을 뒤집어 놓거든.

홍분이 내 복잡한 머리 위로 날아왔어,
오 하지만 이건 어떤 홍분이지!
하늘로 데려가네… 내 아래에 있는
땅은 끝없는 심연 속으로 떨어지는데.

어느새 색색 구름이 떠다니는
지역에까지 너무 와 버렸어,
별들 사이를 날고 있어,
별들 하나하나가 나이팅게일.

그렇게 노래해, 그렇게 노래해!
이런 노래 들어본 적이 없어.
환한 빛! 수만의 번개가
내 주위에서 빠르게 번쩍거려.

그런데 내 사랑, 그런데 내 사랑?
거기, 거기에 아직도 문제가 있네…
젊은이, 너를 잘 돌보아야 해,
기쁨에 빠져 죽지 않으려면!

에르되드(Erdőd), 1847년 8월 5일.

시 작품

—— A KÖLTÉSZET

오 성스러운 시 작품, 네가 품위를 잃은 듯이,
사람들이 어찌 너의 품위를 밟아 뭉개나,
어리석은 자들이, 걸작을 만든다며
애쓰는, 바로 그 순간에 시를 더 망쳐 버린다.
성별(聖別)되지 않은 너의 사제가 선포하네,
큰 소리로 선포하네, 너는 넓은 홀,
높은 귀족의 화려하고 찬란한 홀,
오지 윤이 나는 신발을 신고 그곳으로
들어가는 것이 올바른 행실.
들어라, 거짓된, 가짜 예언자들이,
들어라, 너희의 말은 하나도 맞지 않다.
시 작품은 사교를 위해 드나드는 홀이 아니야,
화려한 백성들이 잡담하러 들어가는 곳이 아니야.
너희는 사회의 쓸모 없는 잡초.
시 작품은 그 이상! 멋진 건물이지,
행복한 사람이나 불행한 사람에게 열려 있고,
기도하려는 열망을 가진, 모든 사람에게 열려 있는,
성스러운 교회, 가죽 신발을 신었든,
맨발이든 누구나 자유롭게 드나드는 곳이라네.

써트마르(Szatmár), 1847년 8월.

나의 페가수스

—— AZ ÉN PEGAZUSOM

나의 페가수스는 가는 목과
길고 날씬한 다리를 지닌 영국 말이 아니야
넓은 등이 있는, 곰처럼 이리저리 움직이는
독일 종의 짐 끄는 동물도 아니지.

나의 페가수스는 헝가리의 당나귀,
원래부터 정통 헝가리 종자.
밝고 부드러운 비단 갈기를 지니고 있네,
그 갈기 위로 햇살이 비추지.

마구간에서 키우지 않아,
학교에도 보내지 않고,
야생에서 태어났고, 바로 그 야생에서 잡았어
키쉬쿤사그*의 넓고 아름다운 황무지에서.

등에 안장을 올려 불편하게 만들지 않아.
등 위에 작은 덮개만 올려놓고,
그 위로 앉아 바람처럼 내 달리지,
내 말은 번개의 형제니까.

가장 좋아하는 건 황무지로 데리고 가는 것,
그곳이 태어난 고향이니까,
어이구, 그쪽으로 고삐를 당기면,
타고 있지 못할 정도로, 내달리지.

* Kiskunság: 헝가리 남동부에 위치한 컬로처(Kalocsa)와 세게드(Szeged) 사이의 평원 지역 이름

참새가 방앗간을 지나치지 못하듯,
마을에 아가씨가 있는 곳에 바로 멈추어 서네.
제일 예쁜 아가씨에게 꽃을 달라 하고,
그리고 다시 또 달려 가네.

내 망아지 데려가지, 내가
이 세상 밖으로 데리고 나가 달라 한 마디 하면.
망아지가 침을 뚝뚝 흘리는 건,
피곤해서가 아니라, 뜨거운 열기 때문.

나의 페가수스는 절대로 지치지 않아,
아주 빠르게 달려도 피곤하지 않아,
내 갈 길이 아주 멀어도,
가자 하면 싫다고 하지 않아.

달려라, 내 말, 달려라, 사랑스런 말,
돌과 도랑이 있으면, 뛰어 넘어.
네 발 아래로 적이 비척대면,
이 더러운 놈들 머리를 걷어차 버려.

써트마르(Szatmár), 1847년 8월.

가을이 시작될 때

—— ŐSZ ELEJÉN

제비 둥지 이미 텅 비었네
처마 아래 여기에 있더니,
황새 둥지도 벌써 비었네,
굴뚝 꼭대기에 있더니…
철새 무리 그곳을 빨리 지나가네,

그곳 먼 거리의 아스라한 곳,
거기 하늘이 높디높은 곳에서.
아직 그들이 보이네, 작은 구름같이,
혹은 이미 그들이 안 보이는 건가?
그저 그렇게 상상하는 건가?

날아가네, 날아갔네,
봄과 여름의 손님들이,
이미 오래지 않아 그들 뒤로
정원과 들판의 꽃들과
나무 잎들이 뒤따라 오겠지.

변덕 많은 여자처럼, 땅을 둘러싼 하늘
때때로 흐리고, 때때로 개이네.
입술은 여전히 미소 짓지만, 눈에는
눈물이 펑펑 솟네… 끝도 없이,
그리고 그 입술에 다시 미소가 자리 잡네.

슬픈 미소와 행복한 눈물!
그 신비스러운 뒤섞임.
알지 못 하는 사이에 팔에 안고
다른 세상으로 이끌어가네

상상하고 있는 사람을.

몇 시간 동안 나는 상상하네,
쿵 소리 내며 물건이나
종이 떨어지면,
깜작 놀라 꿈에서 깨어나네,
정신이 어디 갔었는지, 모르겠네.

써트마르(Szatmár), 1847년 9월 1일~7일.

나무와 이야기하는 슬픈 가을 바람…

—— BESZÉL A FÁKKAL A BÚS ŐSZI SZÉL…

나무와 이야기하는 슬픈 가을 바람,
조용히 이야기해서, 들을 수 없네,
과연 무슨 이야기를 하나? 그 이야기에
생각에 잠긴 나무가 머리를 흔드네.
정오와 저녁 사이의 시간, 나는 몸을 쭉 펴네
긴 소파 위에서 온 몸 끝까지 편안하게…
내 품에 머리를 기대고, 자고 있네
내 어린 신부가 깊이, 조용히.

내 한 손에는 달콤한 졸음의
부드럽게 들썩이는 가슴,
다른 한 손에 기도 책, 바로
독립전쟁의 역사 책!
모든 철자가 혜성처럼
지고한 내 정신을 관통하여 달려나가네…
내 품에 머리를 기대고, 자고 있네
나의 어린 신부가 깊이, 조용히.

황금 유혹과 채찍이 너희를 뒤쫓네
무언가 얻으려면 이기라고, 종살이하는 민족아,
이것이 자유일까? 빙긋 웃으며,
믿는 자들, 모두, 전쟁터로 나서네,
예쁜 아가씨에게서 꽃을 받듯, 그렇게,
상처와, 죽음을 기쁘게 받아들이네…
내 품에 머리를 기대고, 자고 있네
나의 어린 신부가 깊이, 조용히.

너를 위해 얼마나 소중한 생명이 스러졌던가,

오 성스러운 자유! 그게 무슨 소용 있는가?
지금 소용없다 해도, 앞으로는 소용 있겠지
앞으로 전투가 끝날 때,
너를 위해 죽은 사람 위해 복수하겠지,
보복은 무시무시하리! …
내 품에 머리를 기대고, 자고 있네
나의 어린 신부가 깊이, 조용히.

내 앞에 피의 파노라마가 흔들리네,
앞으로 올 시대의 광경들.
자기 피가 고인 호수 안에서 익사하리
자유의 원수들…
천둥치는 내 심장의 박동소리,
그로 인해 내 머리를 스쳐가는 번개,
내 품에 머리를 기대고, 자고 있네
나의 어린 신부가 깊이, 조용히.

꼴또(Koltó), 1847년 9월.

9월 말에

—— SZEPTEMBER VÉGÉN

계곡에는 아직 정원의 꽃들이 피어 있고,
창가 아래에 포플러 나무 아직도 푸르지만,
그대 그곳에서 겨울 세계를 보고 있는가?
벌써 눈이 산 꼭대기를 덮었네.
아직 젊은 내 가슴 속에는 불꽃이 빛나는 여름
그 속에는 여전히 완연한 봄이 꽃피어 있는데,
겨울의 서리가 내 머리를 때리네.
꽃은 지고, 인생은 쏜살같이 지나가네…
아내야, 앉아, 내 품 속으로 이리 앉아!
지금 내 가슴 위에서 길을 잃은 당신,
내일 내 무덤 위로 쓰러지려는지?
오 말해, 내가 먼저 죽는다면, 눈물 흘리며
내 몸 위에 수의를 덮어 주려는지?
언젠가 새로운 사랑이 찾아오면, 그 사랑을 위해
내 이름을 버리려는지?

어느 날 당신이 검은 베일을 던져버린다면,
내 묘비목 위에 어두운 깃발로 걸어 놔 줘,
그걸 가지러 내가 죽음의 세계에서
한밤중에 올라와, 가지고 내려가도록,
당신 위해 흘리는 내 눈물을 그 베일로 닦을게,
당신을 신뢰한 사람을 쉽게 잊은 너지만,
그 베일로 이 가슴의 상처를 메우고,
그때에도, 그곳에서도, 당신을 영원히 사랑할 거야!

꼴또(Koltó), 1847년 9월.

예전에 그리고 지금!

—— EGYKOR ÉS MOST!

예전에 그리고 지금! 예선에 그리고 지금!…
예전에 시간은, 바로 이랬어,
지금처럼, 너무 춥고, 살을 에일 듯 춥고,
이렇게 비가 퍼부었어,

너무 생생하게 기억이 나,
심지어 그 날을 알고 있어,
한 젊은이가 진흙과 물이 범벅인
시골길을 어슬렁거리고 있더군.

슬픈 표정으로, 다 떨어진 옷을 입고
그렇게 거기서 어슬렁거리더군.
그 젊은이는 떠돌이 같았지,
잎이 떨어진 가을의 나무 같았어.

그저 걷더군, 걷다가, 그의 앞에
길이 두 갈래로 나누어지면,
누구에게도 묻지 않더군,
이 길로 가면 어디로 가나요?라고.

그에게는 똑같았지,
오른쪽으로 가나, 왼쪽으로 가나.
어디에도 그를 기다리는 따뜻한 집도
따뜻한 마음으로 기다리는 사람도 없으니.

내가 말했던가, 내 아내여,
이 젊은이가 어찌 되었는지?
안타까워하지 마, 그는 이미

천국의 삶을 살고 있어.

하지만 그가 이미 이승을
떠났다고, 생각하지 마.
그는 이미 이승에서
축복을 받았지.

여기 이 따듯한 방에 있어,
그의 입술 뜨거운 당신 입술 위에 있고,
사랑하는 소중한 내 아내여.
나의 따듯하고 어여쁜 작은 천사여!

꼴또(Koltó), 1847년 10월.

언제까지 계속 자는가, 내 조국아?

—— MEDDIG ALSZOL MÉG, HAZÁM?

언제까지 계속 자는가 내 조국아?
수탉이 벌써 일어나.
꼬끼오 울면서 아침을
알린 지 오래전.

언제까지 계속 자는가, 내 조국아?
해도 솟아올랐고,
쏟아지는 햇살이
네 모습에 화를 내지 않니?

언제까지 계속 자는가, 내 조국아?
참새도 깨어 있다,
채워지지 않는 위장을
너의 씨앗으로 채운다.

언제까지 계속 자는가, 내 조국아?
고양이도 깨어 왔다 갔다 한다,
너의 우유 항아리 주변에서
벌써 우유 맛을 보고 있다.

언제까지 계속 자는가, 내 조국아?
네가 벤 풀 위로
못된 말이 몰려들어,
사방에서 풀을 먹는다.

언제까지 계속 자는가, 내 조국아?
보라 네 포도주 농장이
너의 포도를 가꾸지 않고,

너의 지하실을 가꾸고 있다.

언제까지 계속 자는가, 내 조국아?
네 이웃들이 쟁기질을 한다
그리고 너의 땅 끝자락을
자기들 땅 쪽으로 쟁기질해간다.

언제까지 계속 자는가, 내 조국아,
네 위에 지어진 집들이 타버릴 때까지,
계속 자느냐, 종이 울려야 하는 시간에
종소리가 울려 퍼질 때까지?

언제까지 계속 자는가, 내 조국아,
아름다운 헝가리야?
너는 아마 저승에서도
잠에서 깨어나지 않겠구나!

꼴토(Koltó), 1847년 10월.

노예

—— A RAB

"너를 위해 싸우리라, 자유여,
내 팔과 다리 사슬에 묶인 채…
광명이여, 너를 애타게 찾노라,
나는 두더지처럼, 땅 아래에 사니…

변신하게 만드는 시계는 언제 울리나,
행복의 시계는 대체 언제 울리나,
그러면 다시 자유로운 공기를 들이마시고,
다시 내 위로 빛나는 햇살이 빛나겠지?"

아래 살아있는 자들의 거대한 관 속에서,
감옥 안에서, 노예가 이렇게 탄식한다,
이미, 하느님도 아시지, 몇 번째 갇혔는지,
이렇게 오래된, 역사 깊은 민족인데!

혹시 깊은 무덤 속에 숨어서 지내는 이 날이
겨우 하루 이틀밖에 되지 않은 짧은 시간인가?
위대한 예술가가 갇혀 있으며 느끼는 고뇌
시간 시간이 몇백 년으로 늘어난 듯하다.

몇 날 아니야, 아냐! 이미 몇 해가 흘렀어,
이곳에 끌려온 지,
길고 괴로운 몇 년, 그 시간이
이마 위에 어두운 이름을 새겼어.

가여운 노예는 벌써 오래전에 자기 머리를
손에 찬 쇠사슬로 박살내야 했었는데,
하지만 하나뿐인 벗인, 희망이,

들어올린 그의 손을 세게 붙잡았지…

그가 다시 자유로워지리라는, 희망!
비록 내 인생의 절반을 여기서 보낸다 해도,
남아 있는 내 인생 절반을
달콤한 자유 속에서 보내리라.

그래서 기다렸지, 그래서 쇠사슬로
머리를 깨부수지 않았어,
기다리며 기다렸고 더디게 지나가는 시간이
그의 머리 위로 수북이 쌓였지.

그리고 왔네 독수리 부대의 최후가,
마침내 어여쁜 흰 비둘기가 왔도다,
왔도다 소중한 소식을 전하는 사람이,
오늘이 저 아래에 있는 마지막 날.

열린다, 열려 자 감옥 문이…
그의 손에서 수갑을 벗기네…
소리를 지르며 그가 무너져 내리네… 오래도록…
그의 가슴 기쁨에 겨워 터져 버리네.

꼴또(Koltó), 1847년 10월.

거지의 무덤

—— A KOLDÚS SÍRJA

죽음을 예감하는, 야생동물처럼
늙은 거지는 황무지 중앙에서
유랑하며 남은 생을 살았네
그곳 황무지 가운데에 머물며.

그의 시체 옆으로 가난한 젊은이들이
그를 묻을 자리를 찾다, 구덩이를 팠네,
그의 지팡이 위에 가방을 묶고,
지팡이를 묘비 목 대신 땅에 꽂네.

나무도 덩굴도 없는 평원에
단순한 표지를 지닌 작은 봉분이 서 있네,
자연은, 버려진 이들의 보호자,
야생화와 풀들이 덮이네.

운명이 이렇구나! 옛날, 그가 살았을 때
찢어지고 더러운 누더기 옷을 입게 하더니,
보라, 해가 뜰 때 그의 무덤 위로
어떤 카펫보다 아름다운 카펫이 깔리니.

하지만 상관 없다. 그에게 가장 중요한 것은
마침내 안식을 얻었다는 것…
누가 알아주려나? 그가 살아 온, 인생 길이
얼마나 시끄럽고, 얼마나 절망적이었는지.

오 이 손, 그 손으로 늙어서
이 마르고 구부러진 가지를 쥐었구나.
그가 젊은 시절 온 힘을 다해

싸울 때 빛나는 단검을 번쩍이던 손.

그곳에서 그는 싸움의 열기에 휘둘렸고,
그곳에서 상처를 입기도 했지
주인의 소유와 재산을 위해서 싸웠건만,
그 자들은 후일 그가 굶어 죽도록 버려 두었네.

죽어가게 했네! 이제 모든 것이 덮여,
궁핍과 싸움의 소란도 덮였네.
조용하고 고요한 세상이 그의 주위에 있고,
누구도 방해하지 않는 대지 아래 꿈이 있네.

가끔 한두 마리의 작은 새들이 묘비 목 위로
날아와, 거기서 꿈꾸는 노래를 부르네…
묘비 목 위에서 새는 무슨 노래를 할 수 있을까,
거지의 지팡이었던, 그 묘비 목 위에서?

꼴토(Koltó), 1847년 10월.

보네, 바깥을 보네…

—— NÉZEK, NÉZEK KIFELÉ…

보네, 바깥을 보네,
창문 너머,
거기서 내 눈은 보초에게
박히네,
초소 옆에서
위아래로 왔다 갔다 하는,
무슨 왕자나 되는 듯,
위엄 있는 보초에게.

그렇게 나도 예전에는
신나게 걸었네,
왜냐 나도, 나 역시도
군인이었으니까,
검은색 — 노란색*으로 칠한
나무 아래에서,
거대한 단도를
휘둘렀지.

빛나는 송아지 가죽 옷을 입고
땀을 쏟았네,
멋진 군화가 내 다리를
꾸며주었네,
내 입은 무시무시하게
군대생활의 괴로움을 외쳤고,

* 검은색과 노란색은 합스부르크 황제의 깃발색, 즉 제국의 군인으로 써 있다는 의미.

그래도 부대의 연병장을
비로 쓸었네

영웅의 길, 영웅의 길,
귀한 삶,
너와 함께 셈을 하려니,
부끄럽구나,
너의 참나무 화환을
내 머리 위에서 내려 놓네,
총과 빗자루를
내 손에서 멀리 던져버리네.

이런, 그래도 신이 계속 나를
때리네,
군인의 길을
벗어났다고,
벗어나 시인이 되었지, 그저
시인이…
시인으로는 어쩌면 벌써 대장이
되었을 거야!

———

너지바러드(Nagyvárad), 1847년 10월 31일.

언덕 기슭에 핀 장미 덩굴…

—— RÓZSABOKOR A DOMBOLDALON…

언덕 기슭에 핀 장미 덩굴,
내 어깨 위로 쓰러져, 내 사랑,
내 귀에 대고 속삭여 줘, 사랑한다고,
아, 그러면 얼마나 좋을까!

저 아래 두너 강물 속에 해가 비치네,
강물은 해와 함께 있는 기쁨에 떨며,
잔잔한 물결로 해를 출렁이게 하네,
내가 그대를 어루만지듯, 내 사랑.

악은 무엇으로 나를 공격하리,
내가 신을 부정하는 사람이라고!
그런데 나는 지금도 기도하네…
귀 기울여 네 심장 소리를 들으며.

———

페스트(Pest), 1847년 11월.

파토 팔 씨

—— PÁTÓ PÁL ÚR

저주받은 왕자처럼
저 멀리 떨어진 곳,
외딴 마을에서 홀로 사네,
파토 팔 씨가 툴툴대면서.
"여기도 딴 세상이 될 텐데,
젊은 아내가 있으면…"
파토 팔 씨가 말을 자르며
"에이, 나중에 그럴 때가 있겠지!"

무너질 듯한 집,
회벽이 굴러떨어지네,
바람이 한 조각 지붕을 지나면,
어디로 부는지 알 수 있었네,
"수리합시다, 오늘이나 내일
다락방에서 하늘이 보이겠소…"
파토 팔 씨가 말을 자르며
"에이, 나중에 그럴 때가 있겠지!"

정원은 쑥대밭, 채소로 가득해야
할 처마 밭에,
자라는 것이라고는
온갖 종류의 들 양귀비 꽃.
"일꾼들은 뭐 하느라 빈둥거리나?
쟁기는 안 써먹고 뭐해? …"
파토 팔 씨가 말을 자르며
"에이, 나중에 그럴 때가 있겠지!"

짧은 웃옷도, 바지도,

모두 다 늘어졌네,
모기장이 필요하면
대용할 수 있을 정도로,
“여기 부직포가 붙어 있어서 재단사가
낡은 천이라는 것을 알아차릴 거야…”
파토 팔 씨가 말을 자르며
“에이, 나중에 그럴 때가 있겠지!”

이렇게 그의 인생을 살았네,
아버지에게서 풍족한 유산을
물려받았음에도 불구하고
아무것도 남지 않았네.
그러니 헝가리 사람으로 태어난 게
그의 잘못은 아니지,
예부터 내려온 그의 나라 암호는
“에이, 나중에 그럴 때가 있겠지!”

페스트(Pest), 1847년 11월.

밤

—— AZ ÉJ

이미 잠자리에
들어가라
사람들아!
혹 나다닌다면,
조용히
걸어라.

까치걸음으로
천천히
걸어라,
무례한 말일랑
너희 입 밖으로
내지 마라.

슬픔을
존경해야만 하니,
성스럽기 때문…
밤, 슬퍼하는
젊은이,
나타났도다.

연인이었던,
사람이
세상을 떠나,
슬퍼하는,
불쌍한
밤.

조용히
땅에
엎드리자,
풀 위로
그의 눈물
구슬프게 떨어지네.

지금 갑자기
"대체
무슨 일이야?"
슬프지만, 그러나
그럼에도
그는 미소 짓네.

보라, 그의 무덤에서
달이
떠오르네,
죽은 연인의
창백한
영혼이 떠오르네.

만나네
달콤한
고통과 함께,
포옹하네
고통스러운
놀람으로.

그리고 이야기 나누네…
무슨 이야기인지
누가 알리?
누구도 짐작하지
못하는 것을

추측하지 않네.

이것을 잘
알아야 할
필요 없었네,
이 대화는
영원히
위대한 비밀.

오직 미친 사람만이
알아듣지,
바로
열이 나는
무서운 시간이
그에게 올 때.

죽어가는 이,
그가 이미
한두 개의
거미줄로
자기 목숨을
지탱하면.

또 한 사람이 듣지,
또 다른
세 번째 사람도 들어.
그가 깨어
꿈꾸는
시인이라면.

곰곰 생각하는
시인은
이해해

그 영혼의
목소리
비밀을,

하지만 말할 수 없네
그것에 대해서,
묻지 말라…
그가 무엇을 위해
깨어 있는지
잊었으니.

페스트(Pest), 1847년 11월.

겨울 밤

—— A TÉLI ESTÉK

하늘에 있던 화려한 무지개 어디 갔나?
들판에 피었던 화려한 꽃 어디 갔나?
어디에 있어, 시냇물 소리, 새들의 노랫소리,
봄과 여름의 모든 장식과 보물?
모두 거기 있다! 오로지 기억으로만
불러올 수 있어, 창백한 무덤의 혼처럼.
눈과 하늘 옆에서 볼 수 있는 게 하나도 없다니,
땅은 가난해졌네, 겨울이 모두 빼앗아 갔어.

땅은 늙은 거지와, 똑같아, 실제로,
어깨 위 하얀색, 구멍 난 담요가 있네,
얼음에 뚫린 구멍, 또 여기저기 찢어진 담요,
사이사이로 그의 속살이 훤히 들여다보이고,
추위에 떨고 있네… 가난이
활기 잃은 형상 위에 두텁게 내려앉네.
밖에서 이런 지역에서 대체 무엇을 하나?
지금은 저기 저 방안에서 지내는 게 편할 텐데.

신께서 축복한 사람들은, 그의 하느님을 찬양하라,
그에게 따뜻한 집과 가족을 주셨으니.
지금 따뜻한 방이 있다니 얼마나 큰 행복,
따뜻한 방 안에 다정한 가족까지 있으니!
지금 작은 오두막 모두 요정이 사는 궁전이 되네,
장작을 벽난로 안으로 넣으면,
다른 때 그저 빈말이었던, 말들이,
지금 가슴에 와 닿는, 다정한 말이 되네.

이런 때에 밤이 가장 아름다워지네!

너희들이 이걸 모르면, 아마 믿지 않겠지.
아버지가 넓은 식탁의 주인 자리에 앉아
이웃과 친구와 속을 터놓고 이야기 하네,
입에는 담뱃대, 앞에는 술병이 있고
지하실에는 오래 묵은 포도주가 가득 차 있어.
술병은 바닥나지 않아, 아무리 마셔도
… 비우자마자, 다시 채워지지.

다정한 안주인이 그들에게 음식을 대접하네,
자기가 할 일을 놓치지 않으니 걱정하지 마,
어떻게 해야 하는지, 그녀가 잘 알고 있으니까,
어떤 일을 해야 하는지 잘 배웠어,
집안의 명예를 지키려고 노력하지,
손님들 안주인이 인색하고 게으르다 탓할 수 없어.
이리저리 왔다 갔다 하면서, 쉬지 않고 말하고 있잖아,
“드세요, 이웃 양반, 드세요, 친구 양반!”

모두 고맙다고 말하고, 꿀꺽꿀꺽 마시네,
담배를 다 피우면, 담뱃잎을 다시 채워주네,
담배 연기가 공기 중에서 부유하듯
그들의 혼미한 기억도 이리저리 흩어지네,
이미 오래전, 아주 오래전에 지나간 일의
기억을 끌어모아, 돌아가며 전설을 읊조리네.
남은 인생이 많지 않은 사람들은,
앞으로의 날보다, 지나간 날을 보고 싶어 하지.

늙은 박사 옆에 젊은 남자와 젊은 여자,
젊은 한 쌍은, 과거를 끌어모으지 않아,
과거에 상관할 필요가 있나? 아직 그들 앞에
삶이 펼쳐져 있고, 아직 지나가지 않았으니.
그들의 정신은 앞으로 올 세상을 헤매고 있지,
생각에 잠겨 장미색 구름이 흘러가는 하늘을 보네.
살짝 미소를 짓네, 많은 말을 하지 않지만,

선하신 신이 아시다시피, 그래도 그들은 즐겁네.

바로 그 벽난로 둘레 뒤편에는
어린 애들이 왁자하게 부산 떨며 앉아 있네,
한 무리의 크고 작은 아이들이 모여
카드로 탑을 만들고… 쌓더니 부수네…
행복한 바로 이 순간의 나비를 쫓네,
어제는 잊었고, 내일은 생각하지 않네.
보게, 이 좁은 곳 얼마나 많은 사람이 있는지,
이곳, 이 방 안에 과거와 현재, 미래가 있구나!

내일은 빵 굽는 날, 하인은 체질하며
노래를 부르네, 그의 가락이 들려오네.
저기 마당에서는 두레박의 삐그덕 소리,
마부가 밤에 물을 길어 말에게 먹이네.
돼지 잡고 잔치하는 흥겨운 식사에서 집시 악사가
연주하는 악기소리*가 멀리서 희미하게 들리네.
이런 저런 소리들이 여기 방 안으로 들어오네,
조용하고, 부드러운 화음 속으로 모여드네.

눈이 내리네, 그럼에도 길은 검구나,
거대하고, 두터운 어둠이 길을 완전히 뒤덮었네.
지나는 행인 거의 없는데,
한두 명의 방문객이 집으로 가네,
그의 등불이 창문 아래에서 반짝이더니,
순식간에 어둠이 그 빛을 집어삼켰네,
등불이 사라졌네, 집 안에 있는 사람들은
신이 나 떠들어대네, 누가 여기서 나갔어?

페스트(Pest), 1848년 1월.

* 원문은 콘트라베이스지만 연주소리가 들리는 상황을 묘사하고 있어 악기로 번역하였다.

한 줌의 땅이 있을까…

—— VAN-E EGY MAROK FÖLD…

한 줌의 땅이 있을까 우리 조국 헝가리에,
선조의 피가 흐르지 않은 땅 한 줌이?
아, 어디에서도 위대한 조상의 피는 드러나지 않고,
후손들이 검게 덧칠해 버린
그 땅, 치욕을 덧발랐구나!

이렇게 거짓이 영원한 진실이 된 이곳,
사자가 토끼 새끼를 낳지 않는데,
영광스러운 선조여, 용맹한 사자여,
지금 죽음에서 부활한다면,
약해 빠진 후손을 보게 되겠지!

이 종자들 조상의 공로를 찬양하고,
잘 알려진 과거를 뽐내고 있네……
앞으로 올 미래는 우리를 찬송할까?
과연 이 시대의 아이들을
얼굴 붉히며 기억하지는 않을까?

우리는 이런 고민 안 하네. 짐승처럼, 버티며,
먹을 것이 있음에, 만족하네,
세계의 흐름에서 뒤처지고,
위대한 민족의 대열에서 지워졌고,
살지도 못하고, 죽을 엄두도 못 내네.

부끄럽다, 부끄러워! 이전에 우리는
운명의 장부 첫 줄에 있었는데,
지금은 가장 마지막에 아무 의미도 없이…
한때 무릎 꿇고 우리 발을 붙잡았던 이들이

지금 빰을 때리는데… 부끄럽다, 우리 조국!

아프다, 너무 아파, 내가 부모님을,
채찍질하려고, 팔을 들어야만 하다니.
자식이 부모님을! … 부모님께 낸 상처,
나를 불로 태우듯 아프게 만드네, 잘 알지,
이런 행동은 온 세상 앞에 엄청난 죄임을.

그럼에도 불구하고 나는 쉬지 않으리,
차라리 수백 가지 수많은 고통을 느끼리,
그 때문에 위대한 신이 나를 때린다 해도…
내 민족, 나는 너를 채찍질하리라, 마침내
내 심장이 정지하거나, 터지기 전까지!

페스트(Pest), 1848년 1월.

당신 뭐해, 거기서 무얼 꿰매고 있어!

—— MIT CSINÁLSZ, MIT VARROGATSZ OTT?

당신 뭐해, 거기서 무얼 꿰매고 있어!
내 옷을 기우는 거야?
찢어지고 구멍 뚫려도 나는 괜찮아,
차라리 깃발 하나를 만들어 줘, 여보!

나는 느껴, 무언가를 미리 느껴,
좋은 신은, 무엇을 느끼는지 알아,
내 예감이 발동한다는 거로, 충분해,
그 깃발을 만들어 줘, 여보!

이렇게 오래 머물 수는 없어,
어찌 될까, 아마도 헤어지겠지,
전쟁터에서 헤어지겠지,
그 깃발을 만들어 줘, 여보!

자유는 귀한 것,
공짜가 아니야, 아주 비싼 돈,
붉은 피로, 값을 치루어야지.
그 깃발을 만들어 줘, 여보!

이렇게 아름다운 손이 바느질하면,
승리가 사랑에 빠져버릴 거야.
그리고 언제나 깃발 가까이 머물겠지,
그 깃발을 만들어 줘, 여보!

페스트(Pest), 1848년 1월.

겨울에, 황무지는

—— A PUSZTA, TÉLEN

헤이, 지금의 황무지는 진짜 황무지가 아니야!
가을은 아무 생각 없는 나쁜 주인,
봄과
여름이 모아 놓은 것을,
경솔하게 모두 다 낭비하네,
겨울은 많은 보물이 추운 장소에만 머물게 하네.

저 밖에는 꿈꾸는 방울소리 내는 양떼가 없네,
구슬픈 피리 소리 들려주는 목동도 없네,
노래하는 새들은
모두 입을 다물고,
풀 사이에서 시끄럽던 황조롱이도 울지 않네,
어린 귀뚜라미 하나도 울어대지 않네.

평원의 사방 천지, 얼어붙은 바다와 같네,
그 아래로 태양이, 지친 새처럼 날아가네,
혹은 근시인 사람이
나이가 들어,
무언가를 보려, 몸을 숙이는 것 같네…
이렇게는 황무지의 모든 것을 볼 수 없네.

지금 낚시꾼의 오두막과 과수원지기의 집은 비었네,
농장은 조용하고, 가축은 실내에서 짚을 먹네,
저녁이면
우물가 앞에 몸을 숙인,
털이 무성한 어린 수소가 울부짖기 시작하지.
밖에서, 호수에서 물을 먹고 싶다고.

삯꾼이 들보에서, 잎담배를
내리네, 문지방 위에 놓고,
숭덩숭덩 써네,
긴 담뱃대를
꺼내, 담뱃잎을 채우고, 천천히 빠네,
슬쩍 — 슬쩍 살피네, 구유가 비었는지?

아직도 주막은 조용하고,
주막집 주인과 안주인은 실컷 잘 수 있네,
창고 열쇠를
버린다 해도,
아무도 그들 쪽으로 마차를 몰고 오지 않네,
눈이 길가까지 소복하게 덮어버렸네.

지금은 바람이, 돌풍이 지배하네,
한 번은 공중 높이 아득하게 휘젓고,
한 번은 아래에서 몰아치네
번뜩이는 분노로,
그 아래 흰 눈은, 하얀 돌*처럼 반짝이네.
다시 한번 바람이 씨름하기 위해 마주 불어오네.

지친 바람이 조용해지는 석양이 질 즈음,
평원 위로 창백한 안개가 퍼지네.
그저 흐릿하게 보이네
강도의 형상이,
밤에 말이 콧소리 내면서 그들을 태워가네…
뒤로는 늑대, 위에는 까마귀가 있는데.

* 원문은 tüzkő. 우리 말로는 각암(角岩), 영어로는 처트(chert). 고른 결을 가지고 있으며, 색깔은 백색, 회색 또는 흑색이 섞여 독특한 무늬가 나타나기도 하는 돌. 다듬어서 액세서리로 사용하기도 한다.

폐위된 왕이 자기 땅의 끝에서,
뒤돌아보듯 태양이 땅 끝에서,
다시 한번 뒤돌아보네
독한 시선으로,
그의 눈이 건너편 경계에 닿자,
그의 머리에서 핏빛 왕관이 떨어지네.

페스트(Pest), 1848년 1월.

우리 엄마의 암탉

—— ANYÁM TYÚKJA

이게 무슨 일이야! 암탉, 네가
여기 방 안에서 살고 있어?
봐, 하느님은 선하셔서, 좋은 것을 주셔,
네 팔자가 늘어졌군!

여기서 위아래로 뛰고,
가구 위로도 날아오르고,
생각나면, 꼬끼오 우는데,
그래도 방 밖으로 내쫓지 않아.

내쫓지 않아, 내쫓지 않아!
비둘기에게 먹이 주듯,
아마 씨를 골라 먹이니,
왕자님보다 팔자가 좋네.

그러니 암탉, 앞으로는 말이야
자신을 잘 돌봐야 하고,
노력하라구, 엄마에게 필요한
달걀이 부족하지 않도록 —

꼬맹이 강아지, 잘 들어,
지금 너에게 이야기할게,
이제까지 집을 잘 지켜줬어,
네 할 일을 잘했지.

꼬맹이, 앞으로도 잘 해,
암탉을 괴롭히지 말고,
암탉하고 사이 좋게 지내…

엄마가 키우는 단 하나의 가축이라구.

바쯔(Vác), 1848년 2월.

민족의 노래*

—— NEMZETI DAL

일어나라 헝가리인이여, 조국이 부른다!
지금이 때이니, 지금 아니면 이런 기회 결코 없으리!
노예가 되려는가, 아니면 자유인이 되려는가?
이를 묻노니, 그대들 선택하라!
헝가리인의 하느님께
우리 맹세하네,
우리 맹세하네, 더 이상
노예가 되지 않겠노라고!

우리 지금까지 노예였었네,
선조들이 부끄러워하네,
자유인으로 살고 — 죽은 그들,
빼앗긴 땅에서 편히 쉴 수 없네.
헝가리인의 하느님께
우리 맹세하네,
우리 맹세하네, 더 이상
노예가 되지 않겠노라고!

떠돌이 파렴치한이 되리,
지금, 필요한데, 죽기를 두려워한다면.
그런 사람은 가련한 자신의 생명이
조국의 영광보다 더 귀하겠지.

* 1848년 3월 15일 헝가리가 독립을 선언하면서 시민 혁명이 일어나게 된다. 이 혁명에서 낭독되었던 시로서, 페퇴피가 앞의 4행을 군중 앞에서 외치고 나면, 군중들이 모두 함께 후렴구를 외치면서 행진을 하였다. 이 시는 헝가리 독립의 선언이자, 혁명의 상징인 역사적 의미가 깊은 시이다.

헝가리인의 하느님께
우리 맹세하네,
우리 맹세하네, 더 이상
노예가 되지 않겠노라고!

쇠사슬보다 칼이 더 고귀하리,
팔을 더 강하게 보이게 하리.
그런데도 우리는 아직까지 쇠사슬을 지니고 있네!
우리의 옛 칼을, 네가 이리 가져와라!
헝가리인의 하느님께
우리 맹세하네,
우리 맹세하네, 더 이상
노예가 되지 않겠노라고!

헝가리의 이름 다시 아름다워지리,
그 옛날 위대했던 명성에 걸맞게,
그 명성을 비켜 지나간 많은 시간들이
부끄러움을 씻어버리리!
헝가리인의 하느님께
우리 맹세하네,
우리 맹세하네, 더 이상
노예가 되지 않겠노라고!

먼 훗날 우리 무덤이 둥글게 솟은 곳에서
우리 손자들이 무릎을 꿇고,
감사의 기도를 올리는 가운데,
성스러운 우리의 이름을 부르리라.
헝가리인의 하느님께
우리 맹세하네,
우리 맹세하네, 더 이상
노예가 되지 않겠노라고!

페스트(Pest), 1848년 3월 13일.

자유에게

—— A SZABADSÁGHOZ

오 자유여, 그대를 볼 수 있게 해 주오!
오랫동안 애타게 그대를 기다렸소.
수 많은 밤, 귀신들처럼,
그대를 위해 우리 영혼은 세상을 떠돌았소.

세상 곳곳에서 그대를 찾아다녔소,
단 하나의 진실한 신성(神性)을,
그대는 영원하나, 다른 모든 것은 모두,
잠시 동안 서 있다가, 땅으로 쓰러지는 우상.

그럼에도, 그럼에도 그대는 쫓겨났고,
살인자 카인처럼 숨어 살았소,
성스러운 그대 이름 교수대에 못 박혔고,
형리는 그대가 도착하는지 엿보았소.

마침내 오래도록 숨어 살던 시간이 끝났소,
당신을 묻으려고 무덤을 파던 자, 무덤에 떨어졌소,
우리가 그대를 모셔왔고, 그대는
통치하기 위해 왕좌를 차지했소.

그대는 우리의 합법적인 임금이요,
우리는 환호하며 그대 왕좌 옆에 서 있소,
그대 주위에 수백만 또 수백만의 횃불,
타오르는 우리 가슴의 일렁이는 불꽃.

오, 우리를 보오, 지고한 자유여!
우리에게 활력을 주는 눈길을 주오,
기쁨에 겨워 소진된 우리 힘이,

그대 눈빛에 솟아나도록.

그런데, 자유여, 얼굴이 왜 하얗소?
고통스러운 기억 그대에게 떠오른 거요?
혹 그대를 위한 우리 행동 만족스럽지 않소?
그대 미래에 쓰게 될 왕관이 두렵소?

아무것도 두려워 마오, 우리가 보호하겠소…
단 한 마디만, 그대 깃발을 들기만, 흔들기만 하시오.
그러면 당신 부대는 천 명 또 수천 명
죽을 각오를 하고 혹은 승리할 것이오!

만일 마지막 한 명까지 모두 스러진다면,
한밤중 무덤에서부터 올라오겠소,
그리하여 당신을 이긴 원수들과 다시 맞서
싸우리니… 혼백일지라도!

페스트(Pest), 1848년 3월 27일 이전.

바다가 솟구쳤다…

—— FÖLTÁMADOTT A TENGER…

바다가 솟구쳤다,
민중의 바다가,
겁나게 하늘과 땅을,
성난 물결을 때리는
무서운 힘.

이 춤을 보았느냐?
이 음악 소리 들었느냐?
아직까지 몰랐던 이들,
이제 익히게 되리라,
민중이 어떻게 즐기는지.

바다가 진동하고 울부짖는다,
배가 뒤집히고,
지옥으로 빠져든다,
돛과 돛대 부러진 채,
찢긴 채 나부낀다.

들이쳐라, 엄청난 물아,
사납게 들이쳐,
네 깊은 물 저장고를 드러내,
넓은 하늘 위로
성난 포말(泡沫)을 던져라.

그것으로 하늘에 표시하라
영원한 증거가 되도록,
비록 위에선 노예선이나,
아래로부터 물의 흐름이 이끌어가네

그렇기에 물이 바로 주인!

페스트(Pest), 1848년 3월 27일~30일.

왕들에게

—— A KIRÁLYOKHOZ

너희가 자주 받지 못하는 것을, 내가 주마,
너희 왕들에게, 솔직한 직언을 하마,
너희들 원하는 대로, 감사하거나, 혹은
벌하여라 대중 앞에서 소리 높여 말한 자를,
문카치성*이 아직 서 있고, 교수대도 있다,
그래도 내 가슴에 두려움은 없다…
뻔뻔하게 아첨하며 무언가를 말해도,
더 이상 사랑받는 왕은 없어!

사랑… 하, 이 아름다운 꽃을
너희 오래 전에 줄기에서 끊어내어,
길 위에 내던졌어,
그 위로 지나간 마차 바퀴,
너희의 파탄 난 결혼식 예물을
싣고 세상 곳곳으로 왕래하니…
뻔뻔하게 아첨하며 무언가를 말해도,
더 이상 사랑받는 왕은 없어!

민중은 이미 너희들을 참아내고 있어,
필요악처럼, 그저 견디어 내고 있지,
사랑하지 않아… 저기 하늘 위에서
너희의 날수를 계산해 놓았어.

* 문카치(Munkács)는 머저르 민족이 이동하면서 처음으로 점령한 파노니아 지역이며, 후일 이곳에 건설한 성에서 터키의 침입에 맞서 항거하다 성읍의 모든 백성이 참혹하게 스러진 장소이기도 하다. 페퇴피는 헝가리인의 조상이 가장 처음 점령한 이곳에서 합스부르크의 지배에 맞서 끝까지 싸우겠다는 의지를 드러내고 있다. 원문은 '문카치'이지만, 자유를 위해 용맹히 싸우던 장소를 나타내기 위하여 '문카치성'으로 번역하였다.

앞으로 위대한 판결의 소리를 듣겠지
모든 사람을 판단하는 분에게서…
뻔뻔하게 아첨하며 무언가를 말해도,
더 이상 사랑받는 왕은 없어!

이 둥근 세상을 선동할까,
너희 원수를 선동할까,
분노가 삼손의 힘으로
너희들에게 수없이 내리도록?
장례식 종을 울릴까,
종소리에 너희가 떨도록?…
뻔뻔하게 아첨하며 무언가를 말해도,
더 이상 사랑받는 왕은 없어!

선동하지 않아, 그럴 필요가 없으니,
이미 힘차게 나무를
흔들었지, 그 나무에 달린
푹 익은 과일, 썩어가고 있나?
과일은 익으면, 스스로
나무에서 땅으로 떨어져…
뻔뻔하게 아첨하며 무언가를 말해도,
더 이상 사랑받는 왕은 없어!

페스트(Pest), 1848년 3월 27일~30일.

헝가리 민족의 신

— A MAGYAROK ISTENE

저리로 비켜 지금도 미래에 대하여
의심하고 있는, 소심한 사람들,
막강한 신성이 헝가리 민족을
세심하게 보호한다는 사실을, 믿지 않잖아.

헝가리 민족의 신은 살아 있어, 우리 조국을
힘센 아버지의 손으로 안고 있어.
무시무시한 분노를 지닌 원수들이
채찍질한 몇 세기를, 그가 막아 주었어.

시대와 민중의 추악한 폭풍우가
우리를, 먼지처럼 날려 버릴 수도 있었지만
우리 위로 성스러운 망토 자락을 덮어,
폭풍우가 몰아쳐도, 지나가게 했어.

역사책을 들여다봐, 모든 곳에서
인도자의 모범적 삶을 보게 되지,
강물 사이사이 간간히 보이던 해의 모습,
죽 이어져 강물 위에 다리가 드러나지.

이렇게 우리는 다리를 건너 긴 천 년을 살았어,
그렇기 때문에 천 년 동안 유지할 수 있었지,
그런데 지금, 우리가 부두에 이르자 벌써,
마지막 물거품이 다리를 덮어 버렸어?

그런 생각하지 말자, 그를 욕하지 말자,
그가 신이 아니라고, 생각하는 것은,
모독, 심지어 사람도 자기 자식을

이렇게 구역질 나는 놀이로 추격하지 않아!

헝가리 민족에게 크고 많은 죄 있었지,
그로 인한 벌을 이미 받았고 고통을 견디어 냈어,
하지만 미덕도 있었지, 아직 그에 대한 상을
받지 못했지만… 앞으로 미래에 그 상을 받겠지.

내 조국, 앞으로도 이어져라, 이어져야만 하니… 영광과
행복이 그대 삶이 되리라…
평일 노동의 수고로움 이미 끝났으니,
밝고 멋진 축일을 기쁨으로 기다리라!

———

페스트(Pest), 1848년 4월.

그 독일인은 무엇을 말하지 않는가…

—— MIT NEM BESZÉL AZ A NÉMET…

그 독일인은 무엇을 말하지 않는가,
천벌을 받을 거야!
헝가리에 사는 모든 독일인이
우리에게 세금을 내라 요구한다.

네가 그리 만들었으면, 네가 내,
네 혀로 말을 꺼냈으면,
그 말에 따라 뒈져버려,
아무짝에도 쓸모없는 인간!…

그럼에도 우리가 내지 않으면,
큰일이 날 거라고, 말하네,
헝가리인에게 전쟁을 걸고,
도로를 점령한다고.

너희 창녀들이나 점령해,
우리 조국은 절대 못 하지!…
우리에게 전쟁이라 알린 건,
토끼 한 마리에도 놀라는 너희 겁쟁이들이야.

천천히, 독일인이여, 물러서,
너희 충복에게 걸려 나가지 못해,
만약 네가 네 영토 안으로 되돌아가지 않으면,
앞으로 우리가 너희 땅을 초토화시켜 줄게!

여기서 입 맞추고 좋다더니,
지금은 전쟁을 하러 왔다고?
그래 좋아, 좋아, 오라고,

앞으로 헤어져, 누가 후회할까.

내가 좋은 충고를 하지,
큰 의족을 달고 와,
성큼성큼 걸을 수 있게,
우리가 너희를 추격할 테니.

무기는 합당하지 않아.
개를 쫓듯, 막대기로 쫓아낼 거야,
내쫓아 버리지, 담배 한 대
다 피우기 전에, 싹 다.

페스트(Pest), 1848년 5월.

오스트리아

—— AUSZTRIA

폐허가 되어 버린 예루살렘처럼
오스트리아, 너도 폐허가 되리.
예루살렘 주민들처럼,
황제의 백성들 떠돌이 되리,
떠돌이가 되고 쫓겨 다니는 사람이 되리!
준비하라,
반쯤 신이 된 듯 우쭐거리는 너희들,
시계가 울리면, 뛰어야만 하리,
무너지는 왕좌의 잔해가
너희를 뭉개지 않도록…
거기서 죽지 마라,
살아야 한다, 오래 살아야 한다
멸망한 뒤에도
궁핍하게, 끔찍하게 궁핍하게!

너희 손을 씻어도 소용없다,
너희는 폰티우스 필라투스*,
세상을 속일 수 있다,
그러나 신이 보고 너희를 아니,
더 이상 너희에게 자비는 없다,
혹시 그래도 자격이 된다면,
하늘에서 자비가 내려오겠지,

* 예수님 시대에 유다 지방을 다스리던 총독. 예수님에게 십자가형을 선고하고 자신의 손을 씻음으로 이 판결에 대한 자신의 책임이 없음을 주장하였다. 이 시에서는 합스부르크 제국이 헝가리의 정치 지도자와 독립 운동가를 죽이고, 그 책임이 없다고 주장하는 점을 비유한다.

머리카락 한 올 구부릴 정도는?
안 돼! — 너희 제국은
자유를 죽이는 갈바리아*,
너희가 가진 모든 욕망은 지배,
그래서 문카치성을 건설했었지,
정신 세계와, 정신의 온기와,
족쇄의 빗장을 푸는 방법
깊은 땅 아래로 감추려고,
그 위로 어둠 속에 가득 찬
압제의 꽃을 키워내려고,
몸과 마음을 마비시키는 어리석음…
민중의 권리를 빼앗고,
보물을 훔쳤구나,
자주색 옷을 입은 강도들,
왕관을 쓴 소매치기들!

하지만 훔친 재산을
가지고 가지 못한다,
옷을 반쯤 벗은 채
너희들을 때리리라
일어선 종들이.
마치 불 칼을 든 천사가
아담과 에바를 낙원에서 쫓듯이.
구걸하여라, 너희로 인해
수백만이 구걸로 살았듯이!
너희 구걸하겠지만
적선을 얻지 못하리,
너희가 다가간 사람, 모두
너희에게 재산을 빼앗겼던 사람,

* 예수님이 십자가형에 처해진 산의 이름. 이 시에서는 합스부르크 제국이 헝가리 민족의 자유를 죽이는 나라임을 의미한다.

너희를 향해 침을 뱉고, 발로 차고,
구역질하며 등을 돌리리라!
이렇게 너희가 굶어 죽으면,
그 시체 위로 까마귀들이 날아 오리,
혐오감 때문에, 너희를 묻어 줄
사람 없고 없어야 하기에.
까마귀 뱃속이 너희 무덤이 되고
민중의 저주가 너희 수의가 되리라!

페스트(Pest), 1848년 6월.

내 고향 땅에서

—— SZÜLŐFÖLDEMEN

여기 이 지방에서 태어났네,
얼푈드의 아름다운 대평원에서,
이 도시는 내가 태어난 장소,
유모의 노래가 가득 찬 듯,
지금도, 생생하게 들리는, 이 노래,
"풍뎅이, 노란 풍뎅이!"

어린아이일 때, 이곳을 떠났네,
어른이 되어 돌아왔네.
떠난 이후 스무 해 지나갔네
비탄과 기쁨이 쌓여 있는…
스무 해… 그 시간이 지났네!
"풍뎅이, 노란 풍뎅이!"

그 옛날 함께 놀던 친구들, 어디 있니?
한 사람이라도 만나 보았으면!
여기 내 옆에 앉아,
내가 어른이 되었음을, 잊게 해 주렴,
내 어깨에 벌써 스무 해가 자리 잡았어…
"풍뎅이, 노란 풍뎅이!"

분안하게 나무 가지에서 움식이는 새처럼,
내 생각도 여기에서 저기로 날아 다니네,
이전의 좋았던 많은 기억을 모으네,
벌이 꽃에서 꿀을 따 모으듯,
예전에 좋아하던 모든 장소로 가네…
"풍뎅이, 노란 풍뎅이!"

나는 아이, 다시 아이가 되었네,
말을 타네 버드나무 잎 피리를 불며,
말을 타네 나무로 만든 거친 장난감 말을,
물통으로 가네, 말이 물을 먹고 싶어 하니,
물을 먹이네, 이랴 내 말, 이랴 강도…
"풍뎅이, 노란 풍뎅이!"

저녁 종소리가 울리네,
이미 기수도 말도 지쳤네,
집으로 가니, 유모가 품에 안고,
자장가 가락을 읊조리네,
듣다가, 어느새 선잠 들어 꿈을 꾸네…
"풍뎅이, 노란 풍뎅이!"

페스트(Pest), 1848년 6월 6일~8일.

3월의 젊은이들

—— A MÁRCIUSI IFJAK

우리가 종살이하던 시대에
모두가 이야기한 것 오직,
무엇이 가장 우선인가, 누가
조국을 위해 행동을 감행할 것인가!

제일 먼저 우리가 들어 올린 것은
행동의 깃발,
우리는 시끄러운 소리로 깨웠네
깊은 잠에 빠진 조국을.

무덤과 같았던, 땅
그 안에 시체처럼 누운 한 민족,
우리가 건드렸네, 그러자
일천사백만의 가슴이 힘차게 뛰었네.

조국은 한 단어와
한 감정으로 연결되었네.
그 감정은 "열정",
그 단어는 "자유"였네.

오 이것은 드물게 보는 장관,
앞으로 시간이 지나고 나면,
손주들에게 들려주리
할아버지들이 산 이 시대를.

우리가 전투를 지속하는 동안,
보람을 느꼈으며, 승진보를 울렸도다,
그러나 우리의 보람과 승전보

순식간에 끝이 나 버렸구나.

전쟁터에 있지 않았던 사람들,
승리 거두자 돌아와,
우리 화관을 빼앗아갔도다,
감언이설을 할 줄 알기에.

이 무리, 전쟁하는 동안,
숨어 있거나 자고 있던 무리,
개선때는 큰 소리로 이렇게 떠든다,
우리가 전쟁을 떠 맡았다!

그렇다면 너희 것이 되리라
영광과 보상이,
자비가 있기를… 우리는
영광이나 보상을 위해서 싸우지 않는다.

앞으로 다시 한번 행동해야 한다면,
우리는 또 다시 그곳에 가리,
우리에게는 고통을 그리고
너희에게 화관을 조달하리.

너희 훔친 승전보를,
훔친 월계관을 들어올려라
우리는 너희 머리에서
그것을 잡아 내려 찢지 않으리라.

그 속에서 우리가 받을 상을 찾고,
마음 편하게 지낼 수 있는 것은,
영광이 누구 것이든,
이익은 조국의 것이기에.

페스트(Pest), 1848년 6월.

키시쿤사그

—— KISKUNSÁG

내 마음과, 내 영혼이
항상 어디에서든 돌아가고 싶어 하는,
내 고향 땅을 드디어 다시 보았다,
아름다운 키시쿤사그를!
대평원을 돌아다녔다,
티서강과 두너강이 팔로 안고,
사랑스럽게 미소 짓는 아이를
안아주는 엄마처럼, 가슴에 품어주는 곳.

나 다시금 여기에 있네
대도시의 끊이지 않는 소음 속에,
오 그러나 나의 상상력은 지금도 저 아래
얼푈드의 대평원 위에 있네,
내 육체의 눈을
감네, 그리고 영혼의 눈으로 바라보네,
그러자 내 앞에는 아름답고 멋진
얼푈드 지역이 일렁이네.

뜨거운 한여름,
태양은 위에 달려 있고, 햇살은
불비처럼, 불태우는 홍수로
황무시 위에 쏟아지네…
내 주변에 황무지,
길고 폭이 넓은 황무지, 휘 둘러보네,
하늘과 땅이 만나
하나로 합쳐지는, 저 먼 곳까지.

무성한 풀받 위에

길이 갈리는데, 그곳에 누워 있는 뿔 달린 소,
찌는 듯한 더위, 더워서
풍성한 들판의 풀 먹지 않네.
울타리 한쪽 구석
소치기는 겉옷을 깔고 자고,
개들도 늘어져서, 지나가는 이
힐끗 쳐다보지도 않네.

여기 평지 위에
실개천이 하나 멀리 이어지나, 물거품이 일지 않네,
단지 청딱따구리가 한 번씩
날개로 건드리면, 철퍽 소리 나네,
그 아래에 아름다운 모래,
투명하게 보이는 노란 바닥,
느린 거머리와 빠르게 움직이는 색색의
풍뎅이 무리들 보이네.

그 옆에는 진초록빛 갈대 사이
한두 마리의 왜가리가 목을 늘이네,
긴 코로 물 밑을 때리는
새끼 거느린, 어미 황새,
목을 길게 늘였다가, 다시
들고 예민하게 주변을 둘러보네,
물가에는 수많은 댕기물떼새
슬피 울어 대네.

저기 옛날에 우물의 장대였을
굵은 나무 가지 슬프게 서 있네,
옆에는 웅덩이, 이미 메워져,
풀이 자라났네,
꿈꾸듯 바라보네 우물의 장대 가지
멀리 떨어진 신기루를,
난 몰라, 그 위에서 무얼 보는지? 이미

그런 것은 충분히 보았을 거야.

그곳에 신기루가 있네
아스라이 먼 곳 주위에… 다른 게 아닌,
낡고 오래된 주막을 하나 지어, 그것을
땅 위에 등장시키네.
그 방향으로 점점 적어지는
목초지, 마침내 흔적도 없이 사라지고,
솟아 있는 노란 모래 언덕,
돌풍이 세우고 넘어뜨리네.

한참 시간이 지나가자 드문드문
외딴 농장 나타나네, 볏가리와 짚더미도,
그 위로 까마귀가 울고, 여기저기 툴툴거리며
어슬렁거리는 코몬도르*.
바다 같은 경작지가
사방에 펼쳐지고, 그 위로 성스러운 밀,
아래로 늘어지네, 무거운 낟알이
이삭 줄기를 아래로 끌어당기니.

초록빛 밀 사이에
붉은 양귀비와 푸른 꽃들이 피어 있네,
여기 저기 진자주색 가시 장미,
피 흘리는 별과 같네.
저녁이 다가오네,
하얀 구름이 노랗게 물드네,
예쁜 구름! 구름이 우리 머리 위에서
요정이 선녀처럼 흘러가네.

* 코몬도르. 헝가리의 개 가운데 가축을 지키거나 집을 지키는 데 뛰어난 능력을 지닌 종으로, 복슬복슬한 털이 바닥에 끌릴 정도로 무성하고 덩치가 큰 개.

마침내 거기에 도시,
중앙에는 큰 단단한 탑이 솟은 교회,
도시 끝 풍차 방앗간들은
넓은 풍차 날개와 함께 흩어지네.
난 서 있고 싶네
풍차 방앗간 앞에! 그리고 오래도록 바라보네,
풍차 날개가 돌자마자, 점점 더 빠르게
빙글빙글 돌아가는지.

페스트(Pest), 1848년 6월.

헝가리 민족

—— A MAGYAR NÉP

자유롭다 헝가리 민족, 마침내 자유롭다,
손과 발에 사슬을 차고,
허리를 구부려 멍에를 끌었지,
마치 사람이 아닌 짐승처럼.

자유롭다 헝가리 민족, 머리를 들 수 있다,
네가 하고 싶은 대로 손을 움직여라,
이전에는 족쇄처럼 그 민족을 조였던 쇠,
그 쇠를 지금 헝가리 민족이 검처럼 움켜쥔다.

자유롭다 헝가리 민족… 너의 날은 지나갔다, 독일인!
더 이상 너는 이 민족을 춤추게 만들지 못해,
거머리처럼 이 민족의 피를 빨아먹지 못한다,
신이 너의 사악함에 값을 치르게 하셨다.

슬라브인이나 독일인이 이 땅 주인이 될까?
이 땅, 수많은 용맹한 헝가리인이 피 흘린 곳!
헝가리인의 피가 영광의 조국을 얻어냈고,
헝가리인의 피가 천년 동안 조국을 지켰도다!

이곳에는 헝가리인 이외에 주인이 없도다,
우리 머리 위에 올라서려고 하는 자들,
그들 머리 꼭대기에 우리가 서,
그들 심장 가운데에 박차를 꽂으리.

조심하라, 헝가리 민족, 조심해, 밤에도 깨어 있거라,
누가 아는가, 적이 언제 너희 위로 덮칠지?
적이 온다면, 마음의 준비를 하고, 오너라,

다 죽어가는 사람도 침대에 누워 있지 않으리니.

조국과 자유, 이 두 단어, 이 말을
아이는 제일 먼저 유모에게 배우리,
그리고 전쟁터에서 죽음에 맞닥뜨리면,
젊은이 마지막으로 이 두 단어를 외치리.

페스트(Pest), 1848년 6월.

헝가리 사람이 다시 본모습으로 돌아가네…

—— ISMÉT MAGYAR LETT A MAGYAR…

헝가리 사람이 다시 본모습으로 돌아가네,
왜냐 이제까지 헝가리 사람이 아니었거든,
그럼 무엇이었던가? 종이었었지,
종은, 헝가리인이 아니야!

헝가리 사람이 다시 본모습으로 돌아가네,
그를 묶은 족쇄를 깨부수었네,
가을에 말라붙은 나뭇잎처럼,
족쇄가 절거덕 땅에 떨어졌네!

헝가리 사람이 다시 본모습으로 돌아가네,
손바닥에 검을 꽉 쥐었네,
그들의 검 위에 햇살이 빛나고
그들의 눈에는 용기가!

헝가리 사람이 다시 본모습으로 돌아가네,
불꽃이 피어나고, 붉어진 그의 얼굴,
밖에 게양된 깃발은 모두에게,
전투를 하라는 신호를 보내네.

헝가리 사람이 다시 본모습으로 돌아가네,
백만의 가슴 속에 하나의 심장,
그 박동 소리 적의 귀에
무시무시한 공포.

헝가리 사람이 다시 본모습으로 돌아가네,
용사가 되어 전쟁터에 서 있네,
이 세상, 거대한 세상이

기적을 볼 준비 마쳤네!

헝가리 사람이 다시 본모습으로 돌아가네,
세상 끝날까지 헝가리 사람으로 있으리,
그러지 않으면 그들 모두 끔찍하고 영광스럽게
마지막 한 사람까지, 모두 사라지리!

페스트(Pest), 1848년 7월.

왜 내 길을 막나?

—— MIÉRT ZÁRJÁTOK EL AZ ÚTAMAT?

왜 내 길을 막나?
비키시오!
나를 잡아 끄는 욕망, 나는
쓰임 있기를 원하지만 빛나기를 원하지는 않소.

위험 중의 조국이, 행동하라 소리치고 있소
모든 자식에게,
나는 희망의 암석 위에 서 있소,
내 영혼에 백 배 큰 메아리가 소리치오.

굳건한 내 희망, 암석처럼,
흔들리지 않으리니,
내 자리에 언젠가 영예가 남도록,
조국을 위해서 많은 것을 할 수 있도록.

행동의 욕구, 행동이 힘이,
거친 시내처럼,
나를 통과하고, 그 시냇물 포말이
거친 합성 소리를 내며 심연으로 떨어지네.

여름 정오의 태양을 올려다보라
눈이 시리지 않아,
소용돌이 바닥을 내려다보라
용감하게 내려다보라, 어지럽지 않다.

평범한 날에 다른 사람들 역시
자기 자리에 멈추어 서 있다,
하지만 언젠가 모든 사람이 위정낸나넌,

나도 거기 있으리, 나는 휘청거리지 않으리!

무시무시한 날들이 오리,
그 날을
지금은 달밤에 꿈꾸기만 하는데
미칠 정도로 끔찍한 상상.

난 영광이나 보상을 바라지 않네
내가 한 일에 대하여…
대가 없이 의무를 행해야만 하네,
그리고 조국을 위해 일하는 것은 의무.

그럼 명예는? 그 따위 것
필요 없네,
내게 바람둥이 여자 필요 없네,
신의를 지키는 아내가 내 품에 있으니.

왜 내 길을 막나?
비키시오!
나를 잡아 끄는 욕망, 나는
쓰임 있기를 원하지만 빛나기를 원하지는 않소.

페스트(Pest), 1848년 7월.

혁명

— FORRADALOM

내 주장에 겁쟁이가 창백해진다… 내 노래는
혁명, 네가 몰고 오는 폭풍의 상징!

시대는 암울하고, 날은 캄캄하다,
너희 조상이 버렸구나, 오 민족, 오 민중!

네가 족쇄를 끊어낸 이유는 오직,
다시, 더 무거운 쇠가 네 손을 파고들라고.

예전의 먼지가 네 병든 얼굴을 덮는다,
보라 네 운명 다시금 먼지 속에 짓밟히니.

운명도, 숙명도 아니다, 네 자식들의
바람은, 조국을 업신여기는 것.

이것은 너무나 불쾌하고 끔찍한 죄악,
그로 인한 하늘의 복수 더 끔찍하구나.

오 조국, 성스러운 네 머리를 더 낮추어야 하느냐?
승전의 화환 대신 더러움을 뒤집어써야 하느냐?

무력으로 멍에에 묶으라 명령하기 전에,
목을 내리쳐라, 나의 조국아, 너 스스로.

폭군이 시체를 사슬로 묶도록,
장례 행렬이 그의 승리가 되리라,

묻은 곳, 언덕이 그의 왕좌가 되리라

무덤의 벌레들 위에서 힘을 다져라!

하지만 그대, 오 조국이여, 자신을 떠나지 마라,
네 분노의 불꽃이 너의 얼굴 위에서 터져 나왔다,

네 손은 거기 검 위에, 손잡이 위에 있다,
누가 영광스럽게, 자유롭게, 살리, 너 아니면?

서둘러 이쪽으로, 내 사랑, 당신 입술을,
너 소년아, 서둘러 이리로 잔을 다오!

포도주가 사라지고, 입맞춤 소리 나는 쪽
암호로 깃발을 들어올릴 수 있다.

내 주장에 겁쟁이가 창백해진다… 내 노래는
혁명, 네가 몰고 올 폭풍의 상징!

페스트(Pest), 1848년 7월.

나 여기 청춘의 여름 안에 있네…

— ITT BENN VAGYOK A FÉRFIKOR NYARÁBAN…

나 여기 청춘의 여름 속에 있네,
젊음의 사라져 버린 봄은,
자신과 함께 많은 예쁜 꽃을 가져갔네.
봄이 가져다 준, 수많은 멋진 꿈과,
노래하는 종달새를 같이 가져갔네.
붉은 여명에 깨어 — 일어난 새…
세상과, 삶이 너무 어둡게 끌어당기네,
네가 사랑하지 않으면, 빛나는 내 사랑!

나뭇가시에서부터 붉은 빛이 날아가고
땅에서 노래하는 새가 날아가네,
빈 둥지 속에서 슬픈 바람이
노래하거나 화가 난 폭풍이 지나가네.
내 꿈의 메마른 숲속에
어느새 탁, 탁 부러져, 속삭이지 않는 잎새들…
세상과, 삶이 너무나 어둡게 끌어당기네,
네가 사랑하지 않으면, 빛나는 내 사랑!

하늘의 금빛 여명도 별과 땅의
은빛 이슬도 모두, 모두 파괴하네,
무차별적으로 그들을 부수네
가혹한 현실의 엄한 손이.
구름이 어두워지고, 숨막히게 덥네,
고민하며 숨 막히게 짓누르는 공기…
세상과, 삶이 너무나 어둡게 끌어당기네,
네가 사랑하지 않으면, 빛나는 내 사랑!

동화 같은 봉우리의 암석들 사이로

졸졸 소리 울리며 아름다운 계곡물이 흐르네,
영광을 바라는 계곡물! 내 입술 너로부터
행복하게 해 주는 수많은 도취를 마셨네.
오늘도 흐르고 있지만, 다른 사람이 그 물을 마시도록,
나는 마시지 않네, 나는 더 이상 목마르지 않아…
세상과, 삶이 너무나 어둡게 끌어당기네,
네가 사랑하지 않으면, 빛나는 내 사랑!

나 자신에게 등지고 한 시민으로서
조국을 끝까지 살펴본다면,
덜 자라고 타락한 후손이,
멸망으로 가고 있는 민족이 보이네.
내 팔이 긴장하고, 심장이 뛰네! 무슨 소용이 있나?
눈물 흘릴 뿐, 다른 것을 할 수 없으니…
세상과, 삶이 너무나 어둡게 끌어당기네,
네가 사랑하지 않으면, 빛나는 내 사랑!

사랑하라, 사랑해, 내가 널 사랑하듯,
그렇게 불타게, 그렇게 무한하게,
계속 내게 출렁이게 해 줘 빛을, 따뜻함을,
신의 얼굴에서 네 가슴으로 모아 두었던,
낮에는 나의 태양이고 밤에는 내 별인…
세상과, 삶이 너무나 어둡게 끌어당기네,
네가 사랑하지 않으면, 빛나는 내 사랑!

페스트(Pest), 1848년 9월.

신실한 시인아, 여전히 무엇을 노래하는가?

—— MIT DALOLTOK MÉG TI, JÁMBOR KÖLTŐK?

“신실한 시인아, 여전히 무엇을 노래하는가?
이런 시대에 그 노래가 무슨 소용 있을까?
이 세상은 너희의 말을 듣지 않는다,
너희 목소리 전쟁의 소음속에 사라진다.

멋진 젊은이들아, 지금은 악기를, 옆에 놓아라,
아름다운 너희 음악 쓸모 없으니,
너희도 알고 있다, 천둥 소리가
종달새의 지저귐을 삼켜버림을.”

그럴 수도 있다. 하지만 새는 따지지 않는다,
저 아래에서 그의 지저귐 소리를 듣는지 아닌지!
종달새는 푸른 창공 위에서
그의 신과 자기 자신에게 노래한다.

노래는 그 자신에게서 우리 가슴 속으로 날아온다,
슬픔이나 애호가 그의 마음을 건드리면,
노래가 날아온다, 바람 속에서 날아온다
찢긴 장미 꽃잎이.

노래하자, 친구들, 심지어 이전보다,
악기가, 더 크게 울리도록,
이 혼란스러운 지상의 소음 속에
깨끗한 천상의 한 두 소리 섞일 수 있도록.

세상의 반이 무너져 내린다… 황폐한
장면, 눈과 가슴을 불편하게 한다!
참혹한 폐허 위로 우리의 노래가

덮이게 하라, 우리 영혼이 피워낸 초록 꽃*인 양.

페스트(Pest), 1848년 9월.

* 원어는 repkény. 민트 종류로 넓고 둥근 잎에 보라색이나 노란색 작은 꽃이 핀다. 학명은 GLECHOMA HEDERACEA, 우리 말로는 (긴)병꽃풀이다. 한국에서는 보기 힘든 꽃이고, 우리말 이름도 낯설어 꽃이라는 일반명사로 번역하였다.

늙은 깃발병*

—— A VÉN ZSÁSZLÓTARTÓ

비엔나를 향해 달린다, 비겁자 옐러시츠**가,
군사 중의 군사인 우리 군에게 쫓겨.
겁을 먹고 헝가리군을 피해 도망쳤다,
헝가리군에는 한 늙은 깃발병 있었으니.

거기에 뜨겁게 불타는 열정을 지닌
그 늙은 깃발병은 누구인가?
내 눈길 그 사람 위에 자랑스레 머무니,
그 노인은 바로 내 아버지***!

내 아버지가 그 늙은 깃발병이다.
"조국이 위험에 처했다!"는 엄청난 말이 퍼졌고,
그가 누워 있는 병원 침대로, 그의 귀로 들려오니,
그가 목발을 내던지고 손에 깃발을 들고 왔구나.

그의 어깨에는 고통스러운 삶의 고민,

* 원어는 zászlótartó. 즉 군대가 행진하거나 전투를 할 때 맨 앞에서 깃발을 든 사람. 기수(旗手)로 옮길 수도 있으나 말을 타는 기수(騎手)와 혼동하지 않도록 깃발병으로 번역하였다.

** 옐러시츠 요제프(Jellasics József). 세르비아 본명은 Josip Jelačić Bužimski, 독일어로는 Joseph Jelačić von Bužim. 합스부르크가 크로아티아 총독으로 임명한 사람으로 헝가리의 1848년 3월 15일 혁명이 성공하여 독립 내각을 구성하고 자주국가를 이루려는 계획이 하나씩 이루어지자, 이를 저지하기 위해 9월 11일 헝가리로 진격한다. 이 시의 첫 행은 1848년 9월 28일 헝가리와 합스부르크 군과의 첫 번째 격전이 있었던 빠꼬즈드(Pákozd)에서 헝가리군에게 패배하고 쫓긴 옐러시츠가 비엔나로 도망친 사건을 거론하고 있다.

*** 실제로 시인의 아버지 페트로비치 이스트반(Petrovics István)은 독립전쟁에 깃발병으로 참여하였고, 시인은 연세가 든 아버지가, 젊은이들과 함께 전투에 참여한 행동이 모범적인 행동이었다고 찬탄하고 시를 통해 자부심을 표현하고 있다.

질병과 58년의 무게가 누르고 있으나,
그는 모든 문제와 슬픔을 잊은 채,
젊은이 사이에 군대 전우로 서 있구나.

지금까지 탁자에서 침대로 그를
겨우 옮겨주었던 다리,
지금은 열심히 적을 추격하네
젊은 시절의 모든 힘을 모아.

무엇이 그를 전쟁의 소음 속으로 데려왔는가?
그는 가진 재산도 없는데,
무엇을 두려워하고, 무엇을 지켜야만 했는가,
적의 손에 들어가지 못하도록.

나중에 관을 묻을 만한 땅도
가지고 있지 않은데,
그런데도 — 그럼에도 깃발을 들었구나,
조국을 지키는 사람들 앞에서.

바로 아무것도 없으나, 그 때문에 갔구나,
부자는, 조국을 위해서 싸우지 않고,
자기 재산을 지키려 싸우는데…
조국을 사랑하는 건 오직 가난한 사람뿐.

사랑하는 아버지, 이제까지는 제가
아버지의 자랑이었습니다,
운명이 바뀌어, 마침내 뒤바뀌어,
이제 아버지가 저의 자랑이 되셨습니다.

훈장을 받을 자격이 있습니다!
다시 아버지를 뵙고
기쁨에 떨며 성스러운 깃발을 들었던,
성스러운 아버지의 손에 입맞추길 고대합니다.

만약 더 이상 아버지를 볼 수 없다면?
당신의 빛나는 영광을 보게 될 것입니다,
제 눈물이 당신 무덤에 이슬처럼 내리고,
그 이슬을, 해처럼 빛나는 당신 이름이 마르게 하겠지요!

페스트(Pest), 1848년 10월 17일~22일.

1848

—— 1848

일천팔백사십팔, 너는 별,
너는 민중의 새벽 별!… 동이 텄다, 대지가 깨어났다, 동이 트자
뛰어간다 거대한 밤이.
붉은 얼굴로
왔다 이 새벽,
붉은 얼굴의 거친 빛이
세상에 침침한 빛을 뿌린다.
이 붉음 피이며 분노이고 부끄러움
깨어난 민족의 눈에 들어 있는.

우리 종살이한 밤을 부끄러워하자,
우리의 분노가 폭군들, 그들 위에 날아간다,
아침 기도하는 사람의 머릿속에서
우리는 우리의 신에게 피를 바친다.
우리의 꿈에서
비밀리에
그들은 우리 심장에 구멍을 냈다,
우리 목숨이 사라지도록,
하지만 아직 이 민족의 피가 남아 있다
하늘을 향해 큰 소리로 외칠 수 있을 만큼.

바다가 거대한 경탄 안에 서 있다,
바다는 서 있고 땅은 움직인다,
드높아진다 거친 물결,
드높아진다 끔찍한 가시 울타리.
노예선이 진동한다…
그 배의 돛은
진흙 투성이가 되어 찢겨진 채

정신이 나간 채로, 찢어진
보라색 옷에 싸여 홀로 서 있는
조타수의 심장과 같은 모습.

온 세상이 전쟁터. 사람 손의 수만큼,
그만큼의 무기와, 그만큼의 군인이 있다.
여기 내 발 아래에 무엇이 있나?… 하,
끊긴 사슬과 부서진 왕관,
태워버려라! …
아니 그렇게 하지 않고.
우리는 유물 사이에 그것을 놓고 잠근다,
끊긴 사슬과 부서진 왕관 위에 우리 이름을 쓴다,
그렇지 않으면 앞으로 태어나는 후손들
이것이 무엇이었는지, 모를 테니까.

위대한 시간. 성서의 예언이
완성되었다. 하나의 양 떼, 하나의 양 우리,
하나의 종교가 이 지상에 있으니, 그건 자유!
다른 신앙을 고백하는 사람, 끔찍하게 산다.
예전의 성인들은
모두 사라졌도다,
그들 조각상의 부서진 돌덩어리로
영광스런 새 교회를 짓는다,
우리는 파란 하늘을 둥근 천장이라 여긴다,
태양이 그 안에 있는 제단의 등이 되도록!

페스트(Pest), 1848년 10월 말~11월 13일.

여기 가을이 왔네, 다시 여기 왔네

—— ITT VAN AZ ŐSZ, ITT VAN UJRA

여기 가을이 왔네, 다시 여기 왔네,
아름답네, 항상 그랬듯, 나에게는.
신은 아실까, 무슨 이유로
가을을 좋아하는지? 그저 좋아하네.

언덕 꼭대기 위에 올라가 앉아,
거기에서부터 사방을 둘러보네,
나무에서 떨어지는 나뭇잎의
부드러운 부스럭 소리를 듣네.

미소 지으며 땅을 바라보는
부드러운 햇살,
잠드는 아이를 바라보는
사랑하는 엄마와 같네.

실제로 땅은 가을에 잠이
드는 것이라네, 죽은 게 아니네.
그의 눈에 드러나네, 그저
졸릴 뿐, 아프지 않다는 걸.

그가 아름다운 옷을 벗네,
조용히 벌거벗네,
앞으로 옷을 입겠지, 만약
아침이, 봄이 피어난다면.

그러니 자거라, 아름다운 자연,
아침까지 자거라,
좋은 꿈을 꾸어라,

너의 모든 소망이 충족되게.

내 손가락 끝으로 조용하게
현악기를 튕기네,
너의 자장가 대신에 울리는
나의 꿈꾸듯 조용한 노래.

내 사랑, 내 옆에 앉아,
말 없이 여기 앉아 있어,
호수 위에서 속삭이는 바람 같은,
내 노래가, 끝날 때까지.

네가 입맞추려면, 내 입술 위로
네 입술을 아주 천천히 포개 줘,
졸고 있는 자연이
꿈에서 깨지 않도록.

페스트(Pest), 1848년 11월 17일 - 30일.

전투가

— CSATADAL

트럼펫이 울리고, 북이 둥둥거린다,
전투할 준비가 된 부대.
진격!
대포가 쾅쾅대고, 검이 쨍그랑거린다,
헝가리인을 열광하게 만드는 이것.
진격!

위로 깃발을 높이 들라,
온 세상이 보도록.
진격!
온 세상이 보고 읽게 하라,
자유라는 깃발 위 성스러운 단어.
진격!

헝가리 사람이라면, 용사,
원수와 맞부딪친다.
진격!
곧 용사 되리, 헝가리 사람이 되자마자.
그와 신이 같은 것을 원한다.
진격!

내 발밑의 땅이 피로 물든다,
적이 내 전우를 총으로 쏘았다,
진격!
나 전우보다 못하지 않으리,
죽음으로 뛰어드마.
진격!

내 두 손이 잘려 떨어진다 해도,
우리 모두가 여기서 죽는다 해도,
진격!
죽어야만 한다면, 오라,
우리가 죽지, 조국은 죽지 않는다,
진격!

데브레첸(Debrecen), 1848년 12월 8일.

부다성에 다시 독일 깃발이!

—— BUDA VÁRÁN UJRA NÉMET ZÁSZLÓ!

부다성에 다시 독일 깃발이!
내 영혼의 분노 어디로 향하리?
우리 얼굴 붉으나, 폭군의 피 때문이 아니라,
우리 마음이 스스로 수치스러워서!

우리의 한 손에 다시 사슬이,
그들이 결박하기를 우리가 기다리는 건 아니겠지?
다시 옛 가락이 계속 떠돌면서,
우리의 고통과, 세상의 조롱이 되는 걸 기다리는 건 아니겠지?

자유의 검을 손에 든 사람에게는
아픔, 그들이 검을 쥐고 있는 이유는,
그들을 먼지처럼 업신여기는 폭군 때문,
피 대신 수치가 달라붙기 때문.

헝가리 민족이여, 무기를 내려놓아라,
신은 너를 그렇게 창조하셨다,
거기에서부터 전쟁터에서부터, 빠져나와라,
멀리서 그저 바라보기만 하여라, 구석에서.

너의 주인이 오면, 공손히 무릎을 꿇고,
채찍을 든 손에 입 맞추어라,
그리고 조용히 기다려라, 죽으라고 말할 때까지,
민족들의 대열에서 사라지라고 할 때까지!

오 나의 조국, 오 나의 민족, 헝가리 민족,
이 광경 너무 무섭고, 끔찍하지 않느냐?
이 무시무시한 생각에 너는 일어

서야만 한다, 비록 무덤에 누워 있더라도.

확신한다, 지금 잘라낸 것
너의 불운이 아니라, 수치였음을.
네가 불운에 낙담하지 않는다면,
행운이 너에게 복종하리라.

새 힘과 새로운 용기로
그 도둑들과 맞서자,
우리의 과업은 성스럽다, 신이 우리와 함께 계신다,
우리와 함께하지 않는다면, 적과도 함께하지 않으리라.

우리 가슴이 당당하게 뛴다,
승리를 예감하기에!
붉어져라, 우리 얼굴아, 폭군의 피에 붉어져라,
우리의 마음이 부끄러움에 붉어지지 않도록!

데브레첸(Debrecen), 1849년 1월 6일~7일.

전투에서

—— CSATÁBAN

땅에도 분노,
하늘에도 분노!
붉은 피가 흘렀다
붉은 햇살도!
저무는 해가 몹시
거친 진홍빛으로 반짝였다!
진격하라, 군인들,
진격하라, 헝가리인!

엄숙한 구름 사이
해가 우리를 응시한다,
무시무시한 총검이
연기 속에 부딪치고,
빽빽하고 무거운 연기
어둡게 자욱하다,
진격하라, 군인들,
진격하라, 헝가리인!

쨍그랑, 오래도록 쨍그랑거리는
공격수의 무기,
대포알이 터진다, 세상이
그 속에서 흔들린다,
너 하늘아, 너 땅아, 너희
아마 지금 무너지리!
진격하라, 군인들,
진격하라, 헝가리인!

제어할 수 없는 열정

내 안에 흐른다, 성난 불처럼,
피냄새와 연기에
이미 취해버렸다,
내가 먼저 진격한다,
죽든지, 살든지!
나를 따르라, 군인들,
나를 따르라, 헝가리인!

메드제시(Medgyes)*, 1849년 3월 2일~3일.

* 현재 루마니아 영토인 메디아스. 1849년 3월 2일에서 3일간 이틀 동안에 메드제시 가까이에 위치한 너지에케메제(Nagyekemegye)에서 합스부르크군과 헝가리군 사이에 대규모 전투가 있었다. 페퇴피를 아들처럼 아낀 벰 요제프(Bem József) 장군이 이끄는 부대에서 페퇴피는 백인대장으로 활약 하였으며, 전투를 승리로 마무리하고 메드제시에 머무르는 기간에 이 시를 썼다.

누가 생각하리, 누가 말하리…

—— KI GONDOLNÁ, KI MONDANÁ…

누가 생각하리, 누가 말하리,
이곳이 전쟁터라고?
바로 몇 주 전
여기에 엄청난 피가 흘렀다고?

여기서 싸웠도다, 여기서
원수의 군대가 둘러쌌도다.
앞에도 죽음, 뒤에도 죽음,
끔찍한 날이었도다!

그때에, 어른의 고민처럼,
거칠던 하늘이,
지금은, 어린 아이의 눈처럼,
부드럽고 맑은 푸른 빛이네.

그때는, 고민 많은 머리처럼,
새하얗던 땅이,
지금은 젊은이의
희망처럼, 푸르르네.

그때 공중에는 핑핑
총알이 날아다녔는데,
지금 내 머리 위 하늘엔
종달새가 노래하네.

그때 여기 들판에서
피에 섞은 시체들 보았네,
그들을 묻은 자리에, 거기에

지금 꽃이 피어나네.

누가 생각하리, 누가 말하리,
이곳이 전쟁터라고?
바로 몇 주 전
여기에 엄청난 피가 흘렀다고?

싸쓰세베시(Szászsebes), 1849년 4월 3일~12일.

부모님 돌아가심에

—— SZÜLEIM HALÁLÁRA

마침내 오래도록 바라던
재회가 이루어졌는데!
그런데 인사도,
축복도 없네.
훌륭한 우리 엄마를 보았네…… 아니 오직 엄마의 관을.
어느 쪽에서도 엄마 모습이 보이지 않았네,
관을 본 것도 밖에 묘지에 있을 때였네,
묘지 옆에 우리 엄마를 내려놓았을 때.

아빠도, 엄마도
더 이상 없고, 안 계시네,
쿵쾅대는 내 품에
꼭 안아주고 싶은 분들,
그 분 발자국에라도 입맞추고 싶네,
당신들 심장의 피로 나를 키우셨는데,
해가 땅을, 타오르는 빛으로 성스러운 사랑으로
품 듯, 나를 품어 주셨는데!

오 아버지, 어머니,
왜 떠나가시나요?
당신들에게 무덤의 안식이
축복임을, 알고 있습니다.
당신들에게는 축복이나, 저에게는 저주,
가련한 내 마음이 터질 것 같아요!
저를 사랑하던 당신들이, 저를 이렇게 힘들게 하시다니,
저를 사랑하지 않는 사람들에게, 무얼 바라겠습니까?

여기에 놔두고, 가버리셨네요,

다시 돌아오지도 않겠지요!
내가 쏟아내는 눈물
무덤 봉분을 적시네.
눈물아 흘러라, 흘러, 뜨거운 시냇물아,
차가운 얼굴 위로 조용히 흘러내려라,
그분들이 알게 되도록, 내가, 고아가 된 당신 자식이
버림받았다는 마음에 얼마나 고통스러운지!

하지만 아니야, 아니야, 차라리
내가 여기서 떠나가겠네,
내가 쏟는 눈물 줄기
그분들께 내려가지 않게,
신이 구원하시게… 좋은 우리 부모님이
아들의 비통함을 느끼면,
무덤에서도 가슴 아파하며 안식을 누리지 못하리,
한 자락의 슬픔도 그분들에게는 영겁.

하느님 그분들과 함께 하소서…
한 번만 더, 한 번만
끌어안습니다
무덤의 십자가를…
십자가의 두 가지, 아버지 어머니가
나를 향해 벌리시는, 두 팔 같구나…
아마 죽음의 침상에서 위로 올라가셨을 거야,
아들을 다시 한번 안아 주길 원하고 계실 거야!

페스트(Pest), 1849년 5월 19일~20일.

성스러운 전투를 위해 일어나라!

—— FÖL A SZENT HÁBORÚRA!

이것은 시도, 마지막
위대한 시도,
러시아군*이 온다, 러시아군이,
정말로 여기에 벌써 와 있다.
그러므로 마지막 판결이
왔노라,
하지만 나는 나 자신이나,
조국 때문에 두렵지 않다.

왜 내가 심판의 날을
두려워하겠느냐?
그토록 파렴치하게 굴었던,
그 사람들이 대답하여라,
죄 없는 헝가리인들을
공격했던 자들,
지금 신의 엄청난 분노가
그들을 때린다.

일어나라, 내 조국의 모든
거주민들이여,
지금은, 모든 사람이 분담금을
변제해야 할, 시간.

* 합스부르크의 프란츠 요제프 1세는 1849년 5월 1일 러시아의 황제 니콜라이 1세에게 서한을 보내, 헝가리와의 전쟁에 참전해달라는 요청을 한다. 이 요청에 응답한 니콜라이는 1849년 6월 중순 이십만의 대군을 파병하며, 이로 인해 1년간 팽팽하게 이어지던 헝가리의 독립전쟁 판도가 바뀌게 된다.

집에서 나와, 평원으로 가라,
사람들아,
지금 헝가리 모든 사람이
거대한 부대를 이루도록!

우리는 밖으로 나간다, 어떤 경우라도,
모든 사람이 나간다,
성스러운 전투에서
죽든 승리를 쟁취하든 나간다.
성스럽다 전투, 우리는
임금을 위해 싸우지 않는다,
오히려 임금에 맞서 우리의 자유와,
우리의 하느님과 조국을 위해 싸운다!

저주받을 임금, 너의 죽음을
느꼈느냐,
너를 구하려고, 악마에게,
네 영혼을 팔았구나.
하지만 네가 믿었던,
그 거래 쓸모 없었다,
신이 버린 사람을,
악마는 구하지 못한다.

많구나 러시아군, 엄청난 수,
무슨 소용인가?
헝가리군이 그곳에 더 많아지리, 아마
러시아 군인 한 명에 헝가리 군인 백 명.
만약 우리가 그들보다,
더 적은 수라면,
하느님 감사합니다, 우리를 세상이,
헝가리인이라고 부르게 하셨으니!

우리 자손들아, 잊지 마라, 절대

잊지 마라,
거친 코사크족이 투창으로
너희를 찌르지 않는다,
우리 아내여, 사랑하는 이여,
울지 마라,
낯선 이의 포옹
너희에게 조롱이 되지 않는다.

우리의 아버지, 어머니, 성스러운
죽은 이들이여,
당신들 무덤 위를 원수가
짓밟지 않도록, 짓밟을 수 없도록,
그보다 우리 민족의 마지막 한 명까지
없애라,
우리의 피가 흘러나와
하늘까지 부풀어 오르리라!

성스러운 우리 앞에 있는, 모든 것,
위태롭다,
온 세계가 공격한다 해도,
우리는 이 전투에서 이겨야만 한다.
백만이 죽는다면,
죽으리라!
누가 지금 자기 목숨을, 피를
아끼겠느냐?

신이여, 헝가리의 위대한
신이시여,
당신 백성, 신실한 백성,
착한 백성과 함께하소서, 함께!
당신 위엄을 당신 아들의 영혼에
내리소서,
세상을 끝장내는 당신의 분노를

우리 무기의 날 위에 내리소서!

페스트(Pest), 1849년 6월 20일~30일.

끔찍한 시간…

—— SZÖRNYŰ IDŐ…

끔찍한 시간, 끔찍한 시간!
점점 더 커지는 끔찍함.
아마도 하늘은
맹세했나 보다,
헝가리 민족을 없애겠다고.
우리 마디마디에서 피가 흐른다,
어찌 그러지 않겠는가? 우리 반대쪽에
세계 절반의 검이 번뜩이니.

그곳 앞에 오는 전쟁은
작은 문제일 뿐, 그보다 더 슬프게,
우리 뒤에 자리잡고 있는 것,
역병.
오 내 조국, 너 신의
징벌을 받고 있구나,
네 국경 위에서 죽음은 쉬지 않고
양손으로 수확을 거둔다.

우리 한 사람도 남김 없이 모두 사라질까?
아니면 누군가 남아,
이 광포한 암흑의
시대를 세상에
기록할까?
생존하는 사람이, 있다면,
있었던 대로, 그 끔찍한
사건을 말할 수 있을까?

우리 모두가 알고 있는 대로,

그가 이야기하면,
이런 일이 일어난, 그 많은 문제를
믿을 사람
찾을 수 있을까?
겁에 질린, 정신이 오락가락하는
미치광이가 지어낸 이야기로
받아들이지 않는 사람 있을까?

메죄베레니(Mezőberény)*, 1849년 7월 17일.

* 헝가리 제2의 도시인 데브레첸과 제3의 도시인 세게드 사이의 작은 마을. 페퇴피는 전투에 나가면 전사할지 모르니, 가족을 지키라는 친척과 지인들의 충고에 따라 아내와 아들을 마차에 태우고 1849년 7월 5일 메죄베레니로 온다. 하지만 그는 트란실바니아의 벰 장군에게로 가서 전투에 참가하고자 하는 마음을 벗어나지 못하고 괴로워하고 있었다. 이런 괴로운 마음이 이 시에 잘 나타나 있다. 그의 지인 칩카르(Csipkár)가 벰 장군에게 가는 도중 페퇴피를 찾아왔고, 의기투합한 두 사람은 7월 10일 강을 건너 트란실바니아의 접전지로 간다. 이후 세게시바르(Segesvár, 현재는 루마니아의 시기쇼아라(Sighișoara))에서 7월 31일 벌어진 전투에 참가했으나, 헝가리가 크게 패배한 이 전투 이후 어디서도 그를 찾을 수 없었다. 이 시는 페퇴피가 쓴 마지막 시로 이후 그의 주검도 발견되지 않았고, 행방도 묘연하기에 일반적으로 세게시바르 전투에서 사망한 것으로 인정한다.

페퇴피 샨도르의 삶과 문학

올해 2023년은 페퇴피 샨도르의 탄생 200주년으로 다양한 전시, 낭독, 작품 출판이 이어지고 있다. 이 책 또한 오랜 시간 조금씩 번역해 놓았던 자료에 올해 새로 번역한 작품을 모아 200주년 기념에 맞춰 출판하게 되었다. 헝가리 사람이라면 남녀노소를 불문하고 모두가 알고, 사랑하는 페퇴피는 시인이자 독립운동가, 혁명가로 불같은 삶을 살았다.

1823년 헝가리의 대평원 지역인 키시쾨뢰시라는 작은 마을에서 출생한 그는, 도축업을 하는 아버지의 바람에 따라 여러 곳에 있는 평판 좋은 기숙학교에서 공부했다. 하지만 점점 기울어 가는 집안 형편과, 혼자서 독학을 해 보겠다는 마음, 연극배우가 되어 세상을 유랑하고 싶은 열정에 따라 학업을 중단하게 된다.

이후 연극계에 입문하여 국립극단의 스턴트로 일하다가, 무전여행을 시작해 헝가리의 시골로 여행을 다니기도 했다. 극심한 궁핍과 가난을 경험한 그는 상황을 타개할 목적으로 군에 지원한다. 군인 생활의 고달픔은 극심했고, 계속해서 병치레를 하면서 6개월 뒤에 군을 떠나게 된다.

이후 지방 곳곳으로 유랑하면서 꿈을 이루기 위해 연극단에 들어가 조연으로 일하게 되지만, 당시 연극단의 열악한 경제적 상황에 꿈을 접게 된다. 이런 경험들과 새로운 진로에 대한 고민들을 바탕으로 시를 쓰기 시작하며, 전통 민요시와 유사한 형식으로 쉽고, 단순한 민중어를 사용하여 일상생활의 어려움에 대한 풍자와 해학을 곁들인 시를 발표하기 시작한다. 42년부터 『아테너에움(Athenaeum)』이라는 문학잡지를 통해 〈술꾼(a borozó)〉이 발표되면서 19세에 문단에 등장하게 된다. 그의 조상은 슬로바키아계였고 원래 성도 슬로바키아 성인 페트로비치(Petrovics)였는데, 1842년 〈내 조국에서〉라는 시를 발표하면서부터 페퇴피라는 필명을 사용하게 된다.

19살이던 그가 쓴 시는 헝가리의 전통 민요시를 전승하면서도 새로운 해학과 반전의 요소를 가미한 새로운 예술적 민요시였다. 그의 시는 민중의 삶을 체험한 사람만이 표현할 수 있는 내용을 가지고 전통적인 민요시의 특징을 접목하여 독자와 문단의 관심을 집중시켰고, 단숨에 문단의 샛별로 떠오르게 만들었다. 간혹 그의 작품을 혹평하는 사람과 잡지도 있었지만, 그럴수록 그의 이름은 더욱 널리 알려졌고 점점 더 많은 작품을 발표하게 된다.

시인으로 인정을 받으면서, 활발한 사회활동과 교류가 이루어진다. 이 과정에서 귀족 가문의 쎈드레이 율리아를 만나 사랑하게 되고, 율리아 가족의 반대를 극복하고 마침내 결혼하게 된다. 율리아에게 보낸 편지와, 그녀를 위해 쓴 아름다운 서정시 가운데 〈9월 말에〉와 같은 시는 지금도 많은 사람들이 즐겨 읽는 시이다.

하지만, 헝가리 역사에서 페퇴피를 우뚝 세운 시는 후기에 발표한 시들이다. 1848년 3월 15일 부다페스트에서 일어난 시민 혁명은 헝가리 독립 선언이었고, 합스부르크에 도전장을 내민 중요한 역사적 사건이다. 이 시민 혁명에 페퇴피가 앞장서서 집회를 이끌었으며, 〈민족의 노래〉라는 시로 헝가리의 자주 독립을 민족의 이름으로 요구하였다. 그의 정치적인 이념을 가장 쉽고도 간단하게 표현한 시에서 그는 이렇게 자신의 마음을 드러내고 있다.

자유여, 사랑이여!

자유여, 사랑이여!
내게 꼭 필요한 두 가지.
사랑을 위해서라면
내 생명을 바치겠노라,
자유를 위해서라면
그 사랑조차 바치겠노라.

페퇴피는 사랑을 위해서라면 자기 목숨도 바칠 수 있으며, 그러한 지극한 사랑조차 자유를 위해서라며 기꺼이 바칠 수 있다고 밝힌다. 그가 사랑한 것은 일차적으로 헝가리 민족과 헝가리라는 나라이지만, 더 확대해서는 세상에서 억압받는 모든 민족들이었다. 그러므로 세상 모든 민족의 자유를 위해서라면 자신의 모든 것— 생명까지도 바치겠다는 의지가 시를 통해 분명하게 드러난다.

그는 시에서 문자로 자신의 의지를 표명하는 것에 그치지 않고, 자신의 행동과 삶으로 조국의 자유와 독립을 이루어내고자 했다. 합스부르크 군이 헝가리의 시민 혁명을 무력으로 진압하기 시작하면서, 전쟁이 발발하자, 페퇴피는 헝가리 독립전쟁에 직접 뛰어든다. 48년 후반기에는 전투 상황을 글로 써서 알리는 현재의 종군기자 역을 하지만, 이후 벰 요제프라는 뛰어난 장군의 부관이 되어 직접 전투에 참여하게 된다. 1949년 7월 31일 세게시바르에서 벌어진 대규모 전투에 참여한 이후 그는 세상에서 사라진다. 누구도 그의 주검을 발견하지 못했지만, 그날 이후 그를 목격하거나 만난 사람이 없기 때문에 전투 중 사망했을 것으로 받아들이고 있다.

페퇴피는 〈자유여, 사랑이여!〉에서 노래한 대로 자신의 생명을 바쳐 헝가리 민족에 대한 사랑과 헝가리의 자유를 이룩하고자 하였다. 대중적 인기를 누린 시인으로 혁명가로, 독립군으로 26년의 생애를 짧고 굵게 산 그에게 헝가리의 민족 시인, 헝가리에서 가장 널리 알려진 시인, 세계적으로 유명한 헝가리의 시인이라는 이름이 붙는 것은 당연해 보인다. 시에서 표현했던 이상을 삶에서 실천한 점, 즉 그의 언행일치의 삶이 그를 헝가리인이 가장 사랑하는 시인으로 인정하게 하였을 것이다.

민족의 노래
페퇴피 샨도르 시선집

초판 인쇄 2023년 8월 25일
초판 발행 2023년 8월 30일

지은이 페퇴피 샨도르
편역자 한경민
발행인 고윤성
기획 신선호 박경민
편집장 장혜정
도서편집 노재은 변다은
디자인 정정은 김대욱 변혜준 최재영
인사행정 이근영
재무회계 김문규 정예찬
전자책·사전 변다은
발행처 한국외국어대학교 지식출판콘텐츠원
02450 서울특별시 동대문구 이문로 107
전화 02)2173-2494~7
FAX 02)2173-3363
홈페이지 http://press.hufs.ac.kr
전자우편 press@hufs.ac.kr
출판등록 제6-6호(1969. 4. 30)
인쇄·제본 (주)트윈벨미디어 02)2088-1810

ISBN 979-11-5901-952-4 [03830] 정가: 16,000원

* 잘못된 책은 교환하여 드립니다.

HUEBOOKs는 한국외국어대학교 지식출판콘텐츠원의 인문학도서 Sub Brand이다. 한국외대의 영문명인 HUFS, 사람을 위하는 Humanism, 교육의 Education, 색조의 Hue의 다의적인 뜻으로 해석할 수 있으며, 인문학도서 출판에 대한 의지가 담겨있다.